中国传统文化与企业管理研究

王 锋 ◎ 著

吉林出版集团股份有限公司

图书在版编目（CIP）数据

中国传统文化与企业管理研究 / 王锋著. — 长春：吉林出版集团股份有限公司，2020.5
ISBN 978-7-5581-8456-7

Ⅰ．①中… Ⅱ．①王… Ⅲ．①中华文化－应用－企业管理－研究 Ⅳ．①F272

中国版本图书馆CIP数据核字（2020）第059815号

中国传统文化与企业管理研究

著　　者	王　锋
责任编辑	王　平　白聪响
封面设计	林　吉
开　　本	787mm×1092mm　1/16
字　　数	150千
印　　张	6.75
版　　次	2021年6月第1版
印　　次	2021年6月第1次印刷
出　　版	吉林出版集团股份有限公司
电　　话	总编室：010-63109269
	发行部：010-82751067
印　　刷	炫彩（天津）印刷有限责任公司

ISBN 978-7-5581-8456-7　　　　　　　　　　定　价：58.00元

版权所有　侵权必究

前　言

众所周知，我国有着五千年璀璨的文明史，在人类社会生产实践中，中华民族总结出了为之丰富的管理思想，这其中包括一些对现代企业人力资源管理具有借鉴意义的管理思想和方法。本节仅从古代传统文化中选择识人、育人和用人这三个方面予以说明。

随着社会的发展，人力资源管理从简单的人事管理向多角度，多元化发展。而儒家文化作为中国传统文化，其"仁、义、礼、智、信"的思想已广泛渗透到中国企业管理者的实际管理活动中。因此本节探讨了将儒家思想去糟取精与现代人力资源管理相结合，从而建立以人为本的"儒商"式企业人力资源管理模式。儒家学说始于春秋战国时期，首创于孔子，并经过孟子、荀子、董仲舒、朱熹等思想家的不断丰富和完善，最终形成一个包罗万象的思想体系。今年来，我国中小企业的平均寿命只有 3.7 年。大部分企业的消亡都是因为缺乏对人力资源的整体规划。而儒家思想，与现代企业人力资源管理有着诸多相通之处，值得我们进一步的探究。

本书有两大特点值得一提：

第一，本书结构严谨，逻辑性强，以传统文化为主线，对传统文化与企业管理进行了探索。

第二，本书理论与实践紧密结合，对传统文化与企业管理相结合提供了路径和方法，以便学习者加深对基本理论的理解。

笔者在撰写本书的过程中，借鉴了许多前人的研究成果，在此表示衷心的感谢。由于传统文化与企业管理工作涉及的范畴比较广，需要探索的层面比较深，笔者在撰写的过程中难免会存在一定的不足，对一些相关问题的研究不透彻，提出的传统文化与企业管理创新路径也有一定的局限性，恳请前辈、同行以及广大读者斧正。

目　录

第一章　中国传统文化 ··· 1
  第一节　浅析中国传统文化 ··· 1
  第二节　浅谈中国传统文化的基本特质 ····························· 4
  第三节　科学对待中国传统文化 ···································· 7

第二章　中国传统文化的价值 ····································· 13
  第一节　中国传统文化的现代价值 ································· 13
  第二节　中国传统文化价值分析研究 ······························ 16
  第三节　从中国传统文化价值观谈普世价值 ······················· 18
  第四节　现代性视域下的中国传统文化价值及其现代转换 ·········· 21

第三章　中国传统文化的传承 ····································· 27
  第一节　浅谈中国传统文化的传承 ································· 27
  第二节　中国传统文化传承人保护 ································· 30
  第三节　试论中国传统文化的传承与发展 ·························· 39

第四章　中国传统文化的创新 ····································· 52
  第一节　中国传统文化的创新传播途径研究 ······················· 52
  第二节　浅析习近平对中国传统文化的创新性发展 ················ 54
  第三节　论道家文化与中国传统文化的创新发展 ·················· 56

第五章　企业管理 ··· 68
  第一节　企业管理模式创新 ······································· 68

第二节 企业管理模式与企业管理现代化 ……………………………… 70

第三节 企业管理模式的成熟度分析模型 ………………………… 74

第六章 中国传统文化与企业管理研究 …………………………… 80

第一节 中国传统文化与企业文化 ………………………………… 80

第二节 关于中国传统文化与企业人力资源管理关系 …………… 88

第三节 中国优秀传统文化对现代企业管理的融合发展 ………… 92

第四节 以中国传统文化为基础的现代企业管理 ………………… 95

第五节 中国传统文化对现代企业人力资源管理的影响 ………… 98

参考文献 ……………………………………………………………… 101

第一章　中国传统文化

第一节　浅析中国传统文化

世界文化色彩缤纷，中国传统文化是其重要的一支。更好地认识中国传统文化，必须更好地认识到中国传统文化于当今世界中的地位、作用及前景：中国传统文化在当今世界中的地位举足轻重、不容忽视；中国传统文化于世界中的作用如鼎之重；中国传统文化的发展前景一边光明。

一、中国传统文化在当今世界的地位

世界文化由各个国家独具特色的文化所构成，各个国家文化作为独立的个体参与世界文化行列之中。虽然各个国家文化没有好坏优劣之分，但是，却有强与弱、主流与非主流、主导与非主导之别。至近代，中国的传统文化独领风骚，于世界文化中鹤立鸡群，处于核心地位，中国传统文化被称为当时世界上最先进、最理性、最文明的文化而被包括西方国家在内的全世界各国的一直推崇、赞赏与钦佩。近代以来，中国传统文化在世界文化中的主导地位有所下降，取而代之的是西方的近代文化。直至现代以来，随着西方世界的种种弊端的出现，西方文化在世界中的主导地位也不断下降。取而代之的是全球世界的各民族传统文化的"你中有我，我中有你"的美好状态。

历史上，各个国家的传统文化在整个世界文化中的地位、强弱由各个国家的传统文化自身在世界的突出作用、贡献的大小决定。从人类几千年的历史发展来看，一个国家不论大小都对世界文化做出或大或小的贡献，这恐怕是一个不争的事实。令人毋庸置疑的另一个事实是，各个国家对于世界文明、文化做出的贡献是大小不等，有大有小的。有的国家对周围的国家产生较大的影响，有的国家对周围的国家产生相对较小的影响。近代以前，

中国是世界经济最为发达繁荣昌盛的国家，由此带来的是中国传统文化的兴盛，光是中国的四大发明就已对世界各国产生重大影响，由此引来各国的推崇、赞扬与学习。可以说此时是中国传统文化引领世界的时刻。

至近代，西方各国纷纷进入工业化国家，早早完成工业革命，由此带来了西方工业文明、工业文化。相比以往的中国传统文化，此时的近代工业时期的西方文化更能代表当今世界发展的大势。与此同时，中国传统文化在整个亚洲乃至全世界的核心地位受到严重冲击，不断处于下滑阶段，相反，近代工业时期的西方文化独占鳌头，不断居于领先地位。

现代以来，伴随着西方世界种种弊端的出现，西方文化在世界上的领先地位也出现了不断下降的趋势，不仅如此，中国传统文化更是强劲再起，不断崛起。但是无论西方文化"鳌头"地位如何下滑，中国传统文化在世界的重要性变得越来越强，似乎两者都不会处于谁占上风，谁占下风之说，只能说两者难分伯仲，不相上下，都是构成世界灿烂文化、多彩文明的有机部分，都是世界灿烂缤纷多彩文化的一支，不可缺失。从世界范围来看，西方文化与中国传统文化两者相得益彰，互取精华。两者共处一种"你中有我，我中有你"的融通状态。

二、作用：中国传统文化在世界范围内的作用

（一）对于中国来说，是中国向世界展示中国的一面镜子

偌大的世界由众多的国家组成，各个国家于世界中既是独立的又是紧密联合的。随着近年来世界全球化的深入发展，世界各个民族或是国家越来越紧密的联系在一起，各个国家不断深入进行政治、经济和文化等各方面的往来。世界民族之林如此之大，如此复杂，所以要想真正地融入在其中，怡然自得，高傲地屹立其中是非常重要的一件事。近年来，中国在世界的发展势头强劲，似一头高傲屹立于世界民族之林的雄狮。中国之所以如此，得益于中国博大深厚的传统文化，强劲有力的中国传统文化。中国的传统文化成为中国人向世界展示中国的一面镜子，透过这面镜子，世界上的各个民族各个国家都能更好的认识中国，从而为中国走向世界铺开了一条阳光大道，一路畅通无阻。

（二）对于外国来说，是发展自身文化可加以借鉴的文化宝藏

中国传统文化既是中国的文化又是世界的文化，文化最大的特点在其特有的无国界性。得益于中国得天独厚的自然环境及其人文条件等，中国独特的传统优秀文化博大精深、内涵丰富，具有无限的开放性、包容性等。中国传统文化的诸类特点有很大一部分是其他国家的文化所不具备的，因此，这就对其他国家的文化有了一定的借鉴意义，对于不断完善不断丰富自身的文化内容、文化体系具有举足轻重的作用。换句话说就是，中国的优秀传统文化能够使世界中其他各国的文化有效借鉴与提高，同时中国传统文化对于世界文化多样性的保持有着不可替代的作用。

三、中国传统文化的发展前景

（一）中国：发展壮大

中国传统文化是偌大的中国本土的土生土长的文化，是中国的根本之所在。有人说，在面对如今经济全球化的世界，各个国家日益联系在一起，照这样发展下去，国家与国家之间的界限会越来越模糊，令人不易分辨，但是各国的传统文化这时便显现出其巨大的作用。各国的传统文化成为各个国家的标本，为了更好地体现其各国的民族特色，各国不得不大力发展其本土的传统文化，中国也不例外。中国的传统文化是我国历史上绵绵不断延续下来的思想文化、思维行为方式、风俗习惯、制度规范和宗教艺术等的总和。同时，这也是"中国"之所以成为"中国"，"中国人"之所以叫作"中国人"的原因之所在了。大力发展中国传统文化，可以更好地扎实中国的根基，可以更好地展示中国与其他国家的不同之处，可以更好地展示中国的与众不同、非同凡响。为此，我国全体个人儿女无不好好学习中国传承下来的几千年的优良传统文化，大力发展中国传统文化，使中国传统文化在本土得到更好的扎根，得到更好的发展。

（二）国外：迅速蔓延

当今世界是文化多元的世界，是一个文化融通共荣的世界，中国博大精深的优良传统文化的源远流长不仅仅体现在中国的本土之上，更体现在全世界范围之内，于全球领域源远流长，参透蔓延于世界的每一个角落，每一寸土地。中国在发展自身传统文化的同时，更是为其蔓延于世界别处加快了脚步，提高了速度。此外，有一句话说得好，"水往低处流"，这是一个亘古不变的真理。同样如此，"三人行，必有我师"。中国优良的传统优秀文化相比于其他国家的文化来说，必定有其相对出彩的地方，这就不可避免会促使其向别处流动、蔓延，最终促成世界文明水平的整体提高。这是一个发展的态势，也是一个必然的趋势。

（三）世界：汇聚普世源流

中国传统文化的核心是儒学。儒学是人类文明宝贵遗产中的重要的组成部分，它对于中国本土乃至全世界的现代化的历史进程起到了举足轻重的作用。不仅如此，中国传统文化的精髓更是为世界今后的普世价值的形成奠定了坚实的基础，提供了重要的思想源泉，逐步为广大的世人所接受，成为全球人共同遵循的行为准则。譬如中国传统文化儒家思想中的"天下为公"、"大同社会"等思想至今仍不过时，后人根据其现处的时代背景不断加以完善，形成具有时代意义、包含新时代内涵的新思想"和谐社会"、"公有"、"民主平等"等。这些思想相比有些国家或是民族的"私有制"、"集权"、"霸权国家"等无疑更具开放性、包容性，浑身散发着"大气"的气息。诸此种种都是世界今后发展的大势，是全人类共同发展进步的必由之路，更具有全人类普世价值的内核。如若今后真会有全世界共同信奉的价值追求，真有所谓的普世价值，毫无疑问，中国优良的传统文化将更是一个很好的追溯源泉。

第二节　浅谈中国传统文化的基本特质

中国传统文化总的说来是一种在"合"的整体性思维方式支配下的追求和谐、崇尚道德、富有"喜感"的和合文化、德性文化、喜感文化；而西方文化更多地强调主客二分的思维方式，讲究竞争、斗争，重视向外的超越，是一种智性文化、罪感文化。

习近平总书记在党的十九大报告中指出，我们要"深入挖掘中华优秀传统文化蕴含的思想观念、人文精神、道德规范，结合时代要求继承创新，让中华文化展现出永久魅力和时代风采。"尤其是面对当前历史虚无主义、文化虚无主义的肆意泛滥和西方文化的挑战，发挥和利用好中国传统文化的比较优势，讲好中国故事，传播好中国声音，对于提高中国文化软实力，增强我们的民族文化自信，有着非常重要的现实意义。要弘扬和创新中国传统文化，首先需把握中国传统文化的基本特质。与西方偏重于讲究斗争的智性文化、罪感文化相比较而言，中国传统文化主要表现为一种和合文化、德性文化、喜感文化。

一、和合文化

"和合"有和谐、和平、融合、包容、和而不同等多重含义，"和合"理念是贯穿中国传统文化的一条主线，是中国文化具有包容性、和谐性、持续性等特点的主要原因。国学大师汤一介先生认为，中国传统文化最为显著的一个特点和优势就是追求"普遍和谐"，"普遍和谐"的观念体现在儒释道三家的思想中，包括了自然的和谐、人与自然的和谐、人与人的和谐以及人自我身心内外的和谐四个方面，它比较全面地体现了中国文化的本质。儒家的和谐观念是以"自我身心内外的和谐"为起点，通过提高道德修养达到自我身心和谐，进而推广到"人与人的和谐"，人类社会和谐了，才能很好地处理人和自然的关系。"人与自然和谐"了，才不会破坏"自然本身的和谐"。儒家关于"和谐"的路向是：由自身之安身立命→推己及人→民胞物与→保合太和而与天地参。

"合"音同"和"，二者是相通的。在文学含义上，"合"是指运动时全身上下、四肢百骸都能互相配合，协调一致，各肢体间的位置恰到好处，没有过与不及的情况，即"中和"。汤一介先生提出，中国哲学的主题和精义是"天人合一"、"知行合一"、"情景合一"，这三者对应于具有普遍意义的真、善、美三个价值。中国传统哲学的主流儒家思想是康德式的"真→美→善"，儒家的主流大都把论证"天人合一"或以说明"天人合一"为第一要务。中国人的思维方式主要表现为一种"合"的整体性的思维，讲究共性，具有集体主义观念、爱国主义传统。与此相反，西方文化更多地承袭了古希腊柏拉图、亚里士多德以来主客二分的思维方式。汤先生说："欧洲（西方）的思维模式从轴心时代的柏拉图起就是以'主—客'（即'心—物'或'天—人'）二分立论。然而中国哲学在思维模式上与之有着根本不同，也是由轴心时代就以'天人合一'（即'主客相即不离'）立论。"从柏拉图的宇宙二元论，将现实世界与理念世界区分开来，到康德的"现象界"和"物自体"之分，西方文化中的"分"的思维方式始终占据主导地位，更多地强调个人权利至上。

二、德性文化

钱穆先生曾指出，"中国的文化精神，要言之，则是一种人文主义的道德精神"。张岱年先生说，如果把西方文化视为"智性文化"，中国文化则可以称之为"德性文化"。西方文化重知识，中国文化尊德性。中国德性文化以"天人合一"、"物我一体"为前提，以人与自然的和谐为目标；而西方智性文化是以人和自然的对立为前提、以人类对自然的征服为目标。在主客二分的思维模式下，西方人追求的是一种向外的超越，要与自然做斗争。斗争必须借助于自然科学这种工具理性，所以，一切科学知识都是为人类改造世界服务的，甚至哲学在西方也被称为"智慧之学"。西方传统文化普遍认为人是理性的动物，理性是人区别于其他动物的重要标志，教育的目的就是追求知识、探索真理，把人培养成富有理性的人。中国传统文化一直以儒家思想为主导，而儒家文化以伦理道德为本位。孔子是儒家思想的缔造者，在长达几千年的中国传统文化与传统教育中影响最大的莫过孔子，孔子提出了"天人合德"的观点，认为人应效法于天，与天合德，以达到"天人合一"。儒家文化非常强调教化的作用，自始至终渗透了伦理道德观念。所以，汤一介先生认为，儒家学说的核心在于"教人如何做人"的方面，教育最主要的目的是培养有德行的、具有健全人格的人。

仲小燕在《论中华传统德性文化》一文中对中华传统德性文化的主要体现概括为："天人合德"的崇德意识、"厚德载物"的立德思想、"以德修身"的自律主张、"为政以德"的治国方略、"德才兼备"的人才要求和"以德报德"的伦理准则。在笔者看来，第一条是最为重要的，而中国人的崇德意识实际上与前文所述"和合"理念密不可分：要讲和谐，必与人为善。董仲舒说过："夫德莫大于和，而道莫正于中。""德"生于"和"，"和"即是"德"。德的最终目标和落脚点就是"和"，道德建设的目标就是追求和谐的价值理想。上至国家的稳定和谐，中至宗族、家庭的团结和睦，下至个人自我身心的宁静和谐，最重要的途径都是"尊德性"。周公提出，统治者必须"以德配天、敬德保民"，只有有德者才可承受天命，失德就会失去天命，有德者就会应运而生，取而代之。因此，统治者必须恭行天命，尊崇上天与祖宗的教诲，爱护天下百姓，做有德之君。《朱子家训》云："君之所贵者，仁也。臣之所贵者，忠也。父之所贵者，慈也。子之所贵者，孝也。兄之所贵者，友也。弟之所贵者，恭也。夫之所贵者，和也。妇之所贵者，柔也。事师长贵乎礼也，交朋友贵乎信也。"朱熹对君臣、父子、兄弟、夫妻、师生、朋友之间的伦理道德关系做了全面的论述，讲明了每个人在国家、社会、家庭中应尽的道德责任和相应的角色义务，构建了一个相亲和睦的理想图景，是对中国传统德性文化要求极为简洁而恰当的说明。

三、喜感文化

大致而言，中国传统文化是一种讲究和谐、追求完美、注重以和为贵的喜感文化。中国的"喜感文化"和"德性文化"都是从"和合文化"派生出来的：在"和合"理念、"合"的整体性思维的指导下，人们在生活实践中必然注重崇德向善、热爱和平、以和为贵，其结果必然是皆大欢喜、其乐融融。简言之，"合"则"和"，"和"则"喜"。与中国传统文化"合→和→喜"基本特质相对应，西方传统文化的特点是"分→斗→悲"。如上文所述，西方文化在"主客二分"的理念支配下的目标必然是征服自然、改造世界，而斗争的结果往往带有悲剧色彩。在西方人看来，西方悲剧意识、罪感文化的源头可以追溯到人类的老祖宗亚当和夏娃。当年他二人因受毒蛇的诱惑，违背了上帝的禁令，偷吃了伊甸园里的智慧果，受到上帝的惩罚，被赶出伊甸园，成了人类的祖先。亚当和夏娃的这一罪过传给他们的后代，成为人类一切罪恶和灾难的根源，称为原罪。人在出生的时候为什么要哇哇大哭？因为人生而有罪，人生就是赎罪的过程。所以，叔本华说，"人生的本质就是痛苦"，人从一出生开始就是个悲剧，注定要受苦受难。

中国的喜感文化体现在中国传统文学作品中就是一种大团圆式的结局。与西方的罪感文化不同，中国式的悲剧作品往往会在"悲剧"之后加上一个尾巴，让它有一个相对圆满的收场，典型的比如《梁山伯与祝英台》、《长生殿》等爱情故事，基本上都是本着"大团圆"的原则让有情人终成眷属；《窦娥冤》、《赵氏孤儿》等"悲剧"中的人物最终一定是"善有善报、恶有恶报"。所以，中国悲剧是否真的属于悲剧，一直以来备受争议。依笔者看来，中国传统文学作品中的悲剧实质上都是一种"悲喜剧"，体现的是中华民族特有的人文关怀和乐观主义精神。而西方古典悲剧往往制造主人公悲惨的境遇乃至他们被毁灭，让人心生怜悯和恐惧，或以一种悲壮的美让人久久不能忘怀。在西方人看来，残缺也是一种美。而中国人总觉得断臂的维纳斯有点美中不足，不够完美，这是因为中国人追求的是"十全十美"，在潜意识里就接受不了罪感文化，没有西方人的悲剧意识。

第三节　科学对待中国传统文化

在纪念孔子诞辰 2565 周年国际学术研讨会暨国际儒学联合会第五届会员大会开幕会上，习近平总书记指出："应该科学对待民族传统文化，科学对待世界各国文化，用人类创造的一切优秀思想文化成果武装自己。"科学对待中国传统文化，就是要以马克思主义的科学方法，整理、研究、分析传统文化，切实推动传统文化的创造性转化与创新性发展。

一、以客观的态度研究传统文化

以客观的态度研究传统文化，是对五四科学精神的继承。在五四新文化运动之中，毛子水、胡适等人提出了以科学精神与科学方法研究中国传统文化的主张，他们打破了对于传统经典的盲信与崇拜，而仅将其看作学术研究的材料，并以客观中立的眼光审视之。胡适认为，以科学方法"整理国故"，应从三个方向着手："第一，用历史的眼光来扩大国学研究的范围。第二，用系统的整理来部勒国学研究的资料。第三，用比较的研究来帮助国学材料的整理与解释。"胡适倡导的"整理国故"运动，对于推动中国传统文化研究范式的现代转型，产生了积极的历史作用，但也有需要反思之处。首先，从文化立场上看，"整理国故"运动的发起者多是西化论者，"整理国故"非是为了挖掘传统文化中的积极价值，将其作为"再造文明"的有益资源，而是为了揭露传统文化的糟粕，以达到其反传统的目的。胡适说："我十分相信'烂纸堆'里有无数的老鬼，能吃人，能迷人，害人的厉害胜过柏斯德（Pasteur）发现的种种病菌"，整理国故的目的即在于"用精密的方法，考出古文化的真相"，"可以保护人们不受鬼怪迷惑"。这种文化态度足以消解国人的文化自信。其次，从研究方法上看，胡适所谓的科学方法并没有脱离传统汉学的训诂学、校勘学、考据学的窠臼。这些工作固然是研究传统文化之必需，但由于缺乏社会科学理论的指导，对许多历史文化现象无法予以合理的解释。对此，胡适的弟子唐德刚批评说："搞'整理国故'的人，多少要有一点现代社会科学、比较史学、比较文学、比较哲学等等方面的训练，各搞一专科。否则只是抱着部十三经和诸子百家'互校'，那你就一辈子跳不出'乾嘉学派'的老框框。"

马克思主义者对传统文化的研究整体上超越了"整理国故"运动。唯物史观既是一种社会科学方法论，也是研究传统文化的科学方法论。从唯物史观出发，文化是在一定的生产力水平及由此决定的社会关系的基础上生发出来的，它以此为生存与发展的土壤，并因其变化而发生变化。因此，马克思主义始终将文化与其所依存的现实生活世界联系在一起来考察，所以它可以充分吸收自然科学与社会科学的优秀成果，以深入而准确地认识历史文化现象。在学术史上，郭沫若、翦伯赞、范文澜、吕振羽、侯外庐等马克思主义史学家以唯物史观为指导，加之以扎实的材料搜集整理工夫，曾在中国古代史领域创获了丰硕的理论成果。在新时代，我们应继续以马克思主义科学理论为指导，加强对中华传统文化的整理与研究。

二、以历史的态度分析传统文化

以历史的态度分析传统文化，就是要辩证地对待传统文化。传统文化并不是首尾一贯的整体，而是包含着各种文化元素，因此难免鱼目混珠、良莠不齐。习近平总书记指出："传统文化在其形成和发展过程中，不可避免会受到当时人们的认识水平、时代条件、社会制度的局限性的制约和影响，因而也不可避免会存在陈旧过时或已成为糟粕性的东西。"我们既要避免历史虚无主义与文化虚无主义的态度，充分肯定优秀传统文化在历史和现实中的积极作用；也要避免盲目尊古崇古的唯古主义态度，以免传统文化中的糟粕沉渣再起。

以历史的态度分析传统文化，就是要具体地评价传统文化。历史唯物主义既是正确认识传统文化的科学方法论，也是评价传统文化的价值尺度。在历史唯物主义的视野下，所有的文化现象是在一定的生产力水平及由此决定的社会关系的基础上生发出来的，它以此为生存与发展的土壤，并因其变化而发生变化。因此，对于传统文化中的不同文化元素，要把它们放在具体的历史情境中予以具体的分析，从而分判那些曾在历史中发生过积极作用、但如今已完全失去其价值的元素，以及那些具体内容已随着社会生活的变迁而被抛弃、但其理念可以通过赋予新的内涵而仍能再焕光辉的元素。

以历史的态度分析传统文化，就是要古为今用地简择传统文化。习近平总书记指出："传承中华文化，绝不是简单复古，也不是盲目排外，而是古为今用、洋为中用，辩证取舍、推陈出新，摒弃消极因素，继承积极思想，'以古人之规矩，开自己之生面'，实现中华文化的创造性转化和创新性发展。"因此，简择、弘扬优秀传统文化的标准，即在于是否符合现代社会文明发展的方向，是否符合中国现代化建设的需求，是否可以为社会主义文化建设贡献资源。

以"孝道"为例。"孝"是中国传统文化的核心价值观念之一，中华民族对于孝道的弘扬，乃是出于一种自然的情感，孔子所追求的"老者安之，少者怀之，朋友信之"（《论语·公冶长》），孟子所言的"君子有三乐"中居于首位的"父母俱在，兄弟无故"（《孟子·尽心上》），至今仍能引发人们深层的情感共鸣。但在后世的发展过程中，孝道失去了"父父子子"这种父子相对待的关系前提，而变成一种绝对的道德律令，于是产生出许多非理性的、悖于常情的内容，如"二十四孝"所宣扬的"郭巨埋儿"等等。在五四新文化运动时期，随着宗族家庭制度的崩塌，传统的孝道也遭受广泛质疑。尽管如此，孝道至今仍有其情感基础与社会价值。但在弘扬孝道时，要将其本质与历史中"伦理异化"的内容区分开来，使其既能够与现代社会对于平等人格的追求相兼容，又适应现代社会结构与家庭结构的特征，从而在和睦家庭、安定社会、培养良好的个人品格与社会风气中发挥积极作用。

三、以实践的态度推动传统文化与现实生活的融合

推动传统文化与现实生活的融合，是马克思主义思想品格的内在要求。马克思主义从诞生之日起，就具有一种现实的品格。习近平总书记指出："实践的观点、生活的观点是马克思主义认识论的基本观点，实践性是马克思主义理论区别于其他理论的显著特征。马克思主义不是书斋里的学问，而是为了改变人民历史命运而创立的，是在人民求解放的实践中形成的，也是在人民求解放的实践中丰富和发展的。"在当今世界，人类面临着许多重大问题，如贫富差距的持续扩大、个人主义的恶性膨胀、人与自然关系的日趋紧张等等，要解决这些问题，就必须积极汲取传统文化的营养元素，将其成为改造现实生活的精神力量与思想资源，为人类提供正确的精神指引。

推动传统文化与现实生活的融合，是传统文化延续与发展的内在要求。传统与现实并不是截然对立的，而是处于辩证统一的关系中。一方面，现实并不是凭空而来，而是历史发展的一个阶段，是从过去走向未来的一个环节。因此，传统文化并不是博物馆里的陈列，而是存在于现代思想文化中的活的要素。宣传与弘扬传统文化，就是要把跨越时空、超越国界、富有永恒魅力、具有当代价值的文化精神弘扬起来，激活其内在的强大生命力，使其更好地为现实生活服务。另一方面，"人能弘道，非道弘人"（《论语·卫灵公》），传统文化不能自行延续与发展，它是通过代代传薪者与文化传统的对话解决自身所处的现实困境，而得以充实与发展起来的。因此，中国传统文化并不像某些人所以为的那样，是一成不变、封闭保守的思想体系，而是蕴含着多元的思想因素，在不同时代、不同地域呈现出多样化的文化风貌。

推动传统文化与现实生活的融合，是建设社会主义先进文化的现实要求。我们现在正处于建设社会主义强国、实现中华民族伟大复兴的关键时期，这需要我们更加坚定自己的民族自豪感与文化自信心，充分发扬中华民族的伟大创造精神、伟大奋斗精神、伟大团结精神、伟大梦想精神，为实现伟大目标而不懈奋斗。因此，自党的十八大以来，以习近平同志为核心的党中央更加强调对中华优秀传统文化的挖掘和阐发，使中华民族最基本的文化基因同当代中国文化相适应、同现代社会相协调，使我国人民从延续民族文化血脉中开拓前进！

四、科学对待中国传统文化需要反对四种错误倾向

如何科学对待中国传统文化，是一个重大的理论和现实问题。要回答和解决好这一问题，必须牢牢坚持历史唯物主义和辩证唯物主义，旗帜鲜明地反对全盘否定、虚无历史，以古非今、简单复古，故步自封、盲目排外，妄自菲薄、去中国化等四种错误倾向。

（一）坚持客观对待、辩证分析，反对全盘否定、虚无历史

在对待中国传统文化问题上的全盘否定、虚无历史的倾向，其主要表现是，否定传统文化的历史作用和现实意义，把传统文化说得一无是处、漆黑一片。其主要危害在于，否定了传统文化的作用和意义，否定了科学对待中国传统文化、正确传承和弘扬优秀传统文化的重要性和必要性，进而科学对待中国传统文化、正确传承和弘扬优秀传统文化也就成了伪命题。

中国共产党人是马克思主义者、历史唯物主义者，不是历史虚无主义者、文化虚无主义者，我们始终坚持历史唯物主义和辩证唯物主义的观点、方法看待文化与历史问题。在对待中国传统文化问题上，我们要看到其在形成和发展过程中，不可避免会受到当时人们的认识水平、时代条件、社会制度的局限性的制约和影响，因而不可避免会存在陈旧过时或已成为糟粕性的东西，会阻碍和束缚社会的发展进步。但与此同时，我们还应看到其在历史上发挥的进步作用和其思想精华在今天依然具有的借鉴价值。

从历史上看，中国传统文化中的优秀成分，对中华文明形成并延续发展5000多年而绵延不绝，对形成和维护中国团结统一的政治局面，对形成和巩固中国多民族大家庭，对形成和丰富伟大的中华民族精神，对激励中华儿女维护民族独立、反抗外来侵略，对推动中国社会发展进步都发挥了十分重要的作用。从现实来看，中国优秀传统文化中蕴含的"积极向上向善"的、具有"跨越时空、超越国度、富有永恒魅力、具有当代价值"的思想精华，依然可以对我们今天正在进行的中国特色社会主义伟大事业发挥积极作用，为我们认识并改造世界、治国理政、道德建设提供有益借鉴和启示。

因此，中国优秀传统文化的历史作用和时代价值，是客观存在的事实，是不应该也不可能被否定和无视的。这是历史唯物主义和辩证唯物主义的基本要求。从这个意义上说，科学对待中国传统文化、正确传承和弘扬中国优秀传统文化，就不是一个虚无缥缈、无关痛痒而是一个实实在在、关系重大的重要问题，不是要不要回答并解决而是怎么样回答并解决的实际问题。

（二）坚持以古鉴今、古为今用，反对以古非今、简单复古

在对待中国传统文化问题上的以古非今、简单复古倾向，其主要表现是，美化历史，主张复古，照搬古代历史上的做法，甚至提出"以儒治国""以儒代马"的主张。其主要危害在于，割裂马克思主义与中国传统文化的辩证统一关系，模糊马克思主义与中国传统

文化的本质差异，企图动摇和代替马克思主义的指导地位。

这一问题与上一问题，实际上是一个问题的两个不同侧面，本质上还是如何客观辩证看待中国传统文化的历史作用和时代价值的问题。

中国传统文化中的思想精华、有益成分并不能代替其思想糟粕和历史局限；中国传统文化所起的历史作用和具有的时代价值，也不能掩盖曾长期占据中国传统文化主导地位并作为封建社会意识形态的儒家思想中的许多落后、消极因素，曾束缚和阻碍中国社会发展进步的历史事实。因此，对待传统文化，既不能无视其历史作用和时代价值，把它说得一无是处、踩到地上，视之为影响中国进步的万恶之源，又不能忽视其局限性和落后、消极因素，把它说得尽善尽美、吹上天去，视之为解决一切问题的万能妙药。

我们党带领全国人民开展革命、建设、改革的一条根本成功经验，就是把马克思主义基本原理与中国具体实际有效结合起来，不断推进马克思主义中国化进程，并利用马克思主义中国化的理论成果指导新的实践。这其中的中国具体实际当然包括中国的历史文化实际。因此，推动马克思主义与中国传统文化的有机结合，是马克思主义中国化的题中应有之义；马克思主义与中国传统文化都是推进和发展中国特色社会主义事业的必需因素，二者互为需要、不可割裂。但这并不意味着二者就没有区别、不分彼此甚至可以相互取代。实际上，它们不仅有时代性上的差异，更有层次和本质上的区别。马克思主义是中国共产党的指导思想和立身之本，是全党全国人民团结奋斗的共同思想基础，在思想意识形态领域具有指导地位。坚持马克思主义的指导地位，是中国共产党作为马克思主义政党的必然选择，也是中国共产党经过历史实践反复检验的正确选择；走马克思主义道路不是谁强加给我们的，也不是天上掉下来的，而是中国共产党和中国人民多方比较、反复检验后做出的自主的历史的选择。

因此，传承和弘扬中国优秀传统文化，绝不是要动摇和代替马克思主义的指导地位，而是要坚持以古鉴今、古为今用，发挥优秀传统文化以文化人、资政育人的作用，助力社会主义文化的发展和繁荣，为中国特色社会主义事业服务，在推进马克思主义中国化进程中不断巩固马克思主义的指导地位。

（三）坚持兼容并蓄、交流互鉴，反对故步自封、盲目排外

在对待中国传统文化问题上的故步自封、盲目排外倾向，其主要表现是，自满于自己已经取得的文化成就，排斥甚至拒绝学习、借鉴世界其他地区的文化成果。其主要危害在于，看上去"维护了民族文化自主性"，实际上违背文化发展规律，封闭日久难免走向没落。

"物之不齐，物之情也。"文化多样性是客观存在的。每种文明和文化都是在特定的地理环境和特定的人群中产生和发展的，都有自己的本色、长处、优点，相应地也就都有需要丰富和提高之处。不同国家、民族的文化和文明各有千秋，只有姹紫嫣红之别，而无高低优劣之分。唯我独尊、"只此一家，别无分店"的文化优越论是不切实际的。

"独学而无友，则孤陋而寡闻。"文化和文明因交流而多彩，因互鉴而丰富。取人之

长，补己之短，是增强本国本民族思想文化自尊、自信、自立的重要条件。任何一种文化和文明，不管它曾经如何辉煌，如果陶醉于过往的辉煌，故步自封、封闭排外、不思进取，必然会陷入僵化、走向衰败。这是文化和文明传播和发展的一条基本规律。中华文明之所以能够遭受各种磨难而绵延不绝，其中一个重要原因，就是中华文化具有兼收并蓄、开放包容的特性，注意在同其他文化和文明的交流中汲取有益的营养，不断丰富和发展自己。

因此，科学对待中国传统文化，传承和弘扬中国优秀传统文化，不仅不能故步自封、盲目排斥域外文化，而且还应虚心学习、积极借鉴世界其他国家文化的一切有益成果，从中寻求智慧、汲取营养、取长补短、融会贯通，推动中华文化的繁荣与发展。

（四）坚持文化自信、洋为中用，反对妄自菲薄、去中国化

在对待中国传统文化问题上的妄自菲薄、去中国化倾向，其主要表现是，以洋为尊，唯洋是从，盲目追随所谓"现代潮流"，跟在别人后面亦步亦趋，主张割断历史，去中国化。其主要危害在于，割断中华民族的精神命脉，消除中华民族的身份认同，模糊中华民族的来路，扰乱实现中华民族伟大复兴的既定部署。

这一问题与上一问题，也是同一个问题的两个不同侧面，本质上都是属于如何正确对待民族文化与域外文化的关系问题。

习近平总书记在"七一"讲话中指出："文化自信，是更基础、更广泛、更深厚的自信。在5000多年文明发展中孕育的中华传统文化，在党和人民伟大斗争中孕育的革命文化和社会主义先进文化，积淀着中华民族最深层的精神追求，代表着中华民族独特的精神标识。"不忘历史才能开辟未来，善于继承才能善于创新。任何一个国家、民族都是在承前启后、继往开来中走到今天的。身份认同是一个国家、民族凝神聚力、团结一致的重要前提，所谓身份认同，也就是要知道自己是谁，是从哪里来的，要到哪里去；优秀传统文化是一个国家、民族传承和发展的根本，如果丢掉了，就割断了精神命脉和思想灵魂。如果不知道自己是谁，不坚守甚至放弃自己的身份认同，不了解甚至有意模糊自己的来路，不正视甚至全面否定自己的历史，不珍惜甚至彻底贬损自己的思想文化，就会行无依归、丢魂落魄，就会失去方向、陷入迷途，就会丢掉根本、丧失命脉，这样的国家、民族"不仅不可能发展起来，而且很可能上演一场历史悲剧"。

中国优秀传统文化是中华民族的"根"和"魂"，积淀着中华民族最深沉的精神追求，其最核心的内容已经成为中华民族最基本的文化基因，成为中华民族和中国人民逐渐形成的有别于其他民族的独特标识，是中华民族在世界文化激荡中站稳脚跟、坚定文化自信的坚实根基和突出优势。

因此，对于世界其他国家创造的优秀文化成果，既要认真学习借鉴，为我所用，又要始终坚持以我为主，坚定文化自信，坚决反对妄自菲薄、唯洋是从，甚至搞削足适履、去中国化的思想与做法。

第二章 中国传统文化的价值

第一节 中国传统文化的现代价值

中国传统文化的内容丰富多彩,它并不是一个中看不中用的花瓶,它在现代依旧绽放着绚丽的光彩。它的现代价值体现在我们生活的方方面面,中华传统早已渗透入我们的血液。一个民族的文化孕育出一个民族的精神,而民族精神又支撑着一个民族的发展。本节从中国传统文化的学术文化和科技文化几个方面探讨了中国传统文化的现代价值。

一、"中国文化"概说

看到"中国文化"这四个字,首先进入脑海的问题便是何为文化。"文化"一词在中国语言系统中古已有之。"文"的本义,指各色交错的纹理。"化"的本义,即为变易、生成、造化。"文"与"化"并联使用,要义就是"文明教化"或"以文教化"。无论是广义的还是狭义的文化,都是令人欣赏的东西。中国文化,是世界百花齐放的各种文化中的一种,那么何为"中国文化"呢?中国文化正是中华民族在古老华夏大地上所创造出来的具有恒久生命力的文化。中国的文化体系是长期延续发展而从未中断过的文化。它是一统与多元的合一。中国文化在"儒学一统"的基础上,还发展着多元文化,如阴阳、墨、名、法、道家等。这样的中国传统文化,不仅丰富,且深沉。

二、中国传统文化的现代价值

哲学文化的现代价值在中国的传统文化中,哲学文化是中华民族智慧的理性积淀和内在体现,代表了中华民族理论思维的最高水平。不仅如此,哲学文化还是整个传统文化的核心，它在整个传统文化体系中起着主导作用和制约作用。中国传统文化的诸形态无一不受到哲学观念的影响和制约。因此，学习中国传统哲学文化，对于提高民族组织，弘扬中国文化都是很有意义的。

儒家以"仁"为核心思想。这种"仁"的精神实质在现代仍具有巨大的价值。具有仁爱之心使中国人更具魅力。仁爱是一种大爱。仁者往往是温文尔雅的。一位仁者的眼神里不会带有戾气，而应是闪烁着柔和的光。

孝悌也是传统文化中不可或缺的一部分。在21世纪的今天，仁爱孝悌依然不容忽视。2012年度十大感动中国人物中的陈斌强为了照顾年迈而又患上了老年痴呆症的母亲，带着母亲骑电动车行驶30公里去学校上班。击中泪腺的是那一刻，无论风雨，无论何时，儿子都不曾抛下母亲。不管多艰苦，母亲从来都在身边。那样无私地爱着孩子的母亲却早已不认识自己的亲生儿子。那样清澈又深沉的母爱，竟也阻挡不住时间的流逝，岁月的冲刷。当我们都已长大，父母早已老去。陈斌强用自己的孝，让全中国记住了他。孝顺作为绵延千年的中华民族传统美德，生生不息，它定会继续流传千秋。孝在现代依旧有着无与伦比的价值。只有每人心中有孝悌观，谨遵孝道，才能不负父母养育之恩。

儒家还倡导有教无类，因材施教。这类关于教育的观点在现代发挥着巨大的作用。中国的九年义务教育可以算是中国教育史上的一次巨大成功改革。这一改革充分体现了有教无类的观点，无论出身，无论地位，人人都有接受教育的权利。在教育面前，每个人都是平等的。因材施教有助于帮助学生发挥主观能动性，根据学生基础的不同，使用不同的方法进行教育。这样既提高了教学的效率，又可以促进学生学习的积极性。这些教育思想不仅在古代产生了深远的影响，在现代它们依旧不过时。

孔子"和为贵"、"和而不同"的思想，是我们建立团结和睦多民族国家的基石。时至今日，在我们的生活实践中实施的"民族区域自治"、"一国两制"等政治制度，无不缘于厚重的中华传统文化。这些都是儒家哲学的现代价值。如今全球遍地开花的孔子学院（Confucius Institute）也更加彰显了中国传统儒学文化的现代价值。孔子学院是中国国家对外汉语教学领导小组在世界各地设立的推广汉语的研究机构它最重要的一项工作就是给世界各地的汉语学习者提供规范、权威的现代汉语教材；提供最正规、最主要的汉语学习渠道。孔子学院将中国传统文化进一步推向了世界，掀起了一波汉语热。这对中国文化软实力的提升和中国在国际上影响力的加强具有重要的作用。

与儒家哲学一样，道家哲学也是中国传统思想文化的主要组成部分之一。道家哲学强调以"道"来统摄自然、社会和人生三大层面。崇尚自然是道家哲学的主要思想特点。道家哲学是一种以自然哲学为构架的，以"自然之道"一以贯之的思想体系，它的本体论、人生观、政治哲学等都无不主张"道法自然"，体现了鲜明的自然主义色彩。现代的可持续发展观很大程度上可以认为是对道家自然观的继承与发展。道家的自然观在现代也是适用于大多数地区的。随着全球变暖和温室效应，自然环境的恶化还在继续。只有我们在尊重非自然的基础上改造自然，才能造福于人类而不引发自然问题。

中国传统文化注重内在的修养，对于个人的德行有着重要的要求，这与社会主义精神文明建设紧密地联系在一起，精神境界的提升能够实现对人的完善，有利于个人形成强大的内心世界和健全人格。对于现代人而言，随着物质文化生活水平的不断提升，人们对于精神文化的需求也在不断提升，在道德建设上倡导敬老爱老、尊重师长，诚实守信，将精神文明建设提升到一定的高度，注重内在修养的提升，在社会范围内营造和谐的社会风气，实现社会主义精神文明的建设。这些也是中华传统思想结合实际的运用。

科技文化的现代价值。中国古代科技文化在16世纪以前一直处于世界领先地位。科技文化对人类发展进步的推动力是其他文化类无可比拟的。除了四大发明以外，中国古代在天文历法、医学、数学等方面均有杰出成就。

远古时候人们为了确定时间和季节，就观察太阳、月亮和星星在天空的位置，找出它随时间变化的规律，并在此基础上编制历法，用于生活和农牧业生产活动，最终逐渐形成了以历法和天象为中心的完整的体系。如今农民耕种依然根据着古代的研究成果。如现在的农历日历与二十四节气都是在承自古代。

除了天文历法这古代人民智慧的结晶外，传统医学在古代取得的巨大成就也让人震惊。中国医药学具有悠久的历史，是世界上医药文化发端最早的国家之一。中国医药学起源于远古时代，形成于春秋战国时代，又在隋唐至清进一步发展。中国在医学上的著作诸多，如《黄帝内经》、《神农本草经》、《伤寒杂病论》、《本草纲目》等。历史上还有许多医学大家如张仲景、扁鹊李时珍等。可见早在古代，中国的医学发展程度就已很超前了。传统的中医学理论体系中包括中医五行说，阴阳学说，脏腑学说，经络学说。这些学说在现代的中医中也十分常见。中国传统医学也是中国文化中的精髓之一，它在现代认为人民服务着，并占据着极其重要的地位。传统中医比较起西医，就会有明显的差别了。中医和西医不仅对生命认识层面存在着不同，而且在思维方式上也有着明显的不同。我们并不能简单的评判谁对谁错或者谁更加优秀，我们只能从中西医的区别中看出孕育两者的传统文化的差异。传统中医在我们的现实生活中无处不在。例如在运动扭伤后，我们通常会选择去中医院进行按摩或针灸；又如身体不适有时也会去看中医喝中药进行调理。若是没有传统中医为奠基，如今也不可能有中医广泛的运用。

古代科学技术中最耀眼夺目的就是四大发明了。四大发明分别为造纸术、指南针、火药及印刷术。回想起来，若是没有这四大发明，也许世界古代文化文明无法传承，我们无法得知很多有价值的曾经的历史；也许新航路不会被开辟，当今的世界格局会大有不同。这些看似平常的东西，如今已成为我们的生活必需品。

中古的科技文化在不断地发展与创新中融入现代生活，并在现代生活中起着不可替代的作用。这些科技发明的现代价值不仅体现在它们与现代生活的息息相关，更在于它们自身随着时代的进步而不断完善。只有不断创新才能永葆生机与活力。

中国传统文化是我国文化软实力的重要体现，中国传统文化作为中国民族发展的重要内容，随着现实社会文化需求的不断提升应该得到更多的重视。费孝通曾经说过，中华文明经历了几千年，积聚了无数先人的聪明智慧和宝贵经验，不论哪种文明都不是完美无缺的，都有精华和糟粕。所以对涌进来的异文化，我们既要"理解"，又要有所"选择"，这就是"各美其美、美人之美、美美与共"。在优秀的传统文化发挥着其现代价值的同时，我们也要对传统文化中落后的成分譬如封建迷信的风俗习惯加以剔除和改造。只有坚持取其精华去其糟粕，传统文化才能更好地发挥其现代价值。

第二节　中国传统文化价值分析研究

中国传统文化是中华民族经历数千年的积淀，带有强烈的历史性、传承性和继承性，深深影响着我们。本节从中国传统文化的基本含义入手，在分析中国传统文化价值的同时解剖中国传统文化价值体系的结构，探索中国传统文化在当代社会冲突中的价值意义。

中国传统文化是中华民族创造的文化，已有五千年的历史。它是中华民族在特定的地理环境、经济形式、政治结构、意识形态的作用下，世代形成、积淀，并为大多数人所认同而流传下来的中国古代文化，至今仍在影响着我们。

一、中国传统文化

传统文化是作为人类精神传统和价值传统的文化形态，可以从三个方面认识理解。

传统文化是人类社会发展的遗传基因。美国人类学家拉尔夫·林登认为："社会遗传即文化"。就是说传统文化是人类社会的遗传基因，没有传统文化，也就没有现实社会。反过来讲，传统文化是引导社会合理发展的最终准则。泰勒认为："文化或文明从一种广泛的人种学的意义上是一个复杂的整体，它包括知识、信仰、道德、法律、习俗以及其他所有人作为社会成员所获得的一切能力和习惯。"因此，人类社会是人类文化的体现，文化传统对现实社会具有规范和导向作用。

传统文化是一个民族的存在根基。美国文化学者希尔斯在《论传统》中所云："传统是新信仰和行动范型的出发点，就是其注脚"。在希尔斯看来，一个社会离开文化传统，也就离开了前进的方向和行动的准则。一个民族的文化品质，是在文化传承中确立的。英国当代学者吉姆·麦克盖根讲："文化指形成意义的实践和习俗。"没有特定的文化传统，也就没有特定的文化形态。丧失文化传统，也就意味着一个民族的退场。

传统文化是人类的终极身份证。人的社会属性来源于文化属性。因此，传统文化是人作为有思想的动物的源价值和终极身份证。中国五四新文化运动思潮中的个性解放精神，就与中国传统诗学中的狂狷品格相关联。郭沫若就十分倾慕屈原放浪不羁的诗风。现实总是对作为社会深层意识形态的传统文化的折射与回应，而具有高度精神遗传特征的人类，无论如何是不能彻底超越传统文化对它的影响的。上个世纪初，罗素就向世人急呼："中国至高无上的伦理品质中的一些东西，现代世界极为需要。"罗素的呼吁是我们重新认识中国传统文化的一个基本高度。

二、中国传统文化价值体系结构

中国传统文化价值目标集中表现为对"内圣"和"外王"的追求，即成就道德人生和建立道德社会；"修身"和"德治"是其主要的文化价值手段；"礼"是传统文化价值规则体系。

"内圣"指的是理想的道德人格和道德理性。"外王"指的是治国平天下的事功。在儒家总的价值趋向中，"内圣"是占主导地位的。《大学》篇非常明确地表达了中国传统文化体系的价值目标和手段，曰："大学之道在明明德，在亲民，在止于至善。"又曰："自天子以至于庶人，壹是皆以修身为本。"《大学》所提出的"修身"旨在达到"内圣"之境，治国平天下属广义的"外王"。"内圣"而"外王"的过程就是从"修身"到"德治"的过程，是道德向政治生活扩充的过程。伦理道德政治化是中国传统政治文化的鲜明特点之一。孔子早就说过："为政以德，譬如北辰，居其所而众星共之。朱熹更将王道、德行的价值调控作用从政治扩大到历史、生活等广阔领域。他说："古之圣人致诚心以顺天理，而天下自服，王者之道也"。又说："能行其道，则不必有其位，而固已有其德矣"。这样的人，"用之则为王者之佐，伊尹太公是也；不用则为王者之学，孔孟是也"。从中国社会的文化发展历史来看，当"德治"不能发挥作用时，便会辅之以"刑"，"以刑配德"，"礼正其始，刑防其失"。"德"、"刑"两手并用，是中国传统文化价值手段系统的重要特点。

中国传统文化也是一种"礼治"文化，"礼"是传统文化价值规则体系。"礼"规范、约束着人的行为，维护着社会对道德的追求，成为"成德"、"治世"的有力保障。

三、中国传统文化在当代社会冲突中的价值意义

当代社会冲突的一个重要原因是现代文明的畸形膨胀与传统文明的倾覆。人类文明由两大形态构成：精神文明与物质文明。物质文明是精神文明的外显，精神文明是物质文明的内涵。从这个意义讲，精神文明决定着物质文明。而人类的精神文明又由两大范畴组成：工具理性与价值传统。工具理性决定着人类生存实践的智能水平和物质进步，是人类物质

生产的重要保障；价值形态规范着人类的社会行为和道德情操，是社会和谐、国家稳定的重要基础。令人遗憾的是，当今社会，以工具理性为基本要素的现代文明的泛滥，使长期以来作为人类社会行为准则基础的价值传统正在坍塌。两大精神形态的失衡，必然带来社会的振荡。

西方一些独具慧眼的学者早就意识到现代文明与传统文明的失范所带来的社会危机，并试图开出补救药方。希尔斯在《论传统》中宣称，后现代社会的任务，就是"将某些启蒙传统与启蒙运动后继人试图加以抛弃的某些传统结合起来"。

事实上，现代文明并没有给人类带来应有的满足与和谐。相反，我们看到的是高技术带来的发展不平衡与反差，又由这种不平衡与反差引发出持续的利益冲突和强弱对立，以及财富带来贫富悬殊与社会不公，然后又由此造成人际关系的紧张与社会冲突。重新审视传统文化，从传统文化的价值范畴中去吸取有利于当代社会健康发展的价值精华就尤显重要与急迫。

第三节　从中国传统文化价值观谈普世价值

普世价值是能够超越界限，并且能够普遍适用于人的价值。对其解读，可将其划分为"普世"和"价值"，再结合起来进行剖析。普世价值是否存在这一问题，可从中国传统文化价值观的角度出发进行解读。中国传统文化价值观是为统治阶级服务的，其形成的最初目的就在于此，同时并不适用于全体人类。

近年来，关于普世价值的争论一直没有停息，学术界争论激烈。普世价值存在与否，关系到人们看世界的态度并且影响着人们的决策行为。学术界主要有三种观点：一是世界上根本不存在普世价值；二是世界上没有绝对的普世价值，但有相对的普世价值；三是人类社会有普世价值。普世价值是放之四海皆准，还是有其范围规定。众多研究将普世价值与西方价值观、中国传统文化价值观以及当代中国实际联系起来加以研究。本节将分析普世价值的具体概念，立足于中国传统文化价值观的角度，力求探讨上述问题并做出合理解答。

一、普世价值的概念

普世价值是指那些超越差异、普遍有效的价值。对于普世价值概念上的争议，大体上可以围绕"普世"和"价值"两方面展开。一方面，"普世"中的"世"代表的范围是多大？主体、时间、空间，是指当今整个世界，还是过去、现在、未来的统一世界，或是人类社会中大部分适用的范围。所谓的"普遍有效"，其范围在哪个界限，有没有界限，普遍指的究竟是能遍及何处。普世必然是超越了民族、宗教、制度、分工、性别和年龄之间的差异，并且是有效的。在主体上适用于所有人，在时间上具有永恒性，在范围上具有普世性，在效力上有约束。另一方面，马克思主义认为，价值是由客观的某种属性和主体的需要两者组合而成，是主体需要与客观属性之间的效用关系。从这个方面看，价值具有主体性和客观性。一种价值要成为普世价值就必须先成为一种价值共识，才能更好地具有普世的性质。

普世价值是主观性和客观性的统一，也是特殊性和普遍性的统一。普世价值并不是指从人类提出的各种所谓的共同的价值观中抽象出来的价值，这是一种形而上学的做法。在这个过程中势必忽视了人的个性，忽视了个人利益的特殊性，总是牺牲了少部分人的利益，总是用大部分人获取利益掩盖少部分人利益受损的事实，少部分人的利益被共同化了。普世价值不是单单适用于受利的多数人的，也应该是适用于被剩下的少数人的。

二、中国传统文化价值观不具有普世性因素

中国传统文化价值观是为统治阶级服务的。在奴隶社会为奴隶主服务，在封建社会为封建主服务。马克思说："统治阶级的思想在每一个时代都是占统治地位的思想。"统治阶级首先在政治上统一被统治阶级，而这也正是在经济的基础上得以保证的。为了巩固这种统治，统治阶级必然将代表自己阶级利益的思想加诸被统治阶级，以避免产生对抗情绪，扰乱统治。统治阶级的利益被说成整个社会所应遵循的、不可挑战的、适于百姓的共同利益。以这种方式将自己的个体利益吹嘘成共同利益，将自己的利益所需变成全社会所应共同的价值取向，具有遮蔽的性质。当被统治阶级发现自己利益受损，统治阶级所鼓吹的价值观有误，并站起来推翻它的时候，他们也是将自己的利益说成全部被统治阶级的利益，将自己的利益说成是唯一的有利于广大人民的无法取代的利益。"因为每一个企图取代旧统治阶级的新阶级，为了达到自己的目的不得不把自己的利益说成是社会全体成员的共同利益。这在观念上的表达就是：赋予自己的思想以普遍性的形式，把它们描绘成唯一合乎理性的、有普遍意义的思想。"广大人民最初在这种看似是共同的利益的带领下，与新的统治阶级和谐相处。但是随着时间的推移，新的统治阶级的利益成了特殊利益，广大人民意识到这种特殊利益并不是全社会的共同利益，新的统治阶级和广大人民之间利益的冲突对立日益扩大化乃至形成斗争。而这正是和当初新的统治阶级推翻旧的统治阶级一样的历史重现，而现在的"斗争更加坚决、更加彻底"。

以儒家思想为主流的中国传统文化价值观是统治阶级所倡导的、被其高捧为人人皆需如此的大价值观。"仁为贵""己所不欲勿施于人""忠恕之道""中庸之道""天人合一""和而不同"等等，这些思想传承两千多年而不息，在中国的文化中得到了肯定。但是，肯定并不一定意味着它们就是普世价值。

　　首先，一开始，这些思想就是作为维护统治而提出的，那么，在一定程度上，必然反映着统治阶级的需要，照顾着统治阶级的利益，是统治阶级的思想以普遍性的形式被描绘成普遍意义的思想。统治阶级巧妙地"把占统治地位的思想同进行统治的个人分割开来，并由此做出结论说，历史上始终是思想占统治地位"。统治阶级先把自己提倡的"忠孝""仁爱"和自己分开，自己要遵守这样的思想，百姓也要遵守这样的思想。这样就把"忠孝""仁爱"抬升到物质统治的上一层面了，就很好地掩饰了这种思想其实是统治阶级用来统治他人，维护自己利益的事实。被统治阶级把这种思想奉为守则，做事皆以此为准，不敢逾越。当这种思想顺理成章地成为一种社会本应存在的秩序的时候，被统治者就以此为价值导向，但这却抹杀了他们的应然自我，他们自由自觉的属性。这种价值导向还诱导被统治阶级把它视作应然自我，使被统治者忘记了真正的自我、真正的人性。最后，统治阶级还把这些思想附上圣人之言、天人思想的光辉外套，但这毕竟只是外套，并不是这些思想真正本质上拥有的。所以，当这些思想出现在百姓面前时能够完全蒙蔽百姓，看上去确实符合所有人的利益，确实是每个人所应当追求的共同价值，但实际上还是无法逃脱统治阶级用来维护统治的思想工具的事实。

　　其次，中国传统文化价值观并不是适用于所有人类的。就中华民族而言，儒家学说是积极入世的，其强调的"仁爱"等也是积极入世的，对于入世的人来说，百姓之间仁爱是和谐，但君主仁爱是不可能的。君主作为统治阶级的最高者，必然是对被统治阶级进行剥削压迫的，用各种仁政来对其剥削的本质进行掩藏都是一种虚假的仁爱。这样一来，统治阶级极力鼓吹的"仁爱"等学说，若是说其具有普世性因素就马上露馅了。中国传统文化中还有道家思想、佛家思想，有人说道家和佛家都是出世的。那么，仁爱等入世的价值在他们心里自然不具有普世性。同样，道家、佛家出世的思想在入世的人那里看来也不具有普世性的价值，"道不同，不相谋。"就西方人而言，中国传统文化价值观并不一定适用。儒家文化是中华文化、华夏文化的一部分，如果放到西方就不一定能得到认同感，也不一定合适。西班牙人的冒险精神和中国人平稳生活，土耳其的武士精神和中国的"和为贵"，还有许多都体现着中西方文化的差异，那么价值追求自然也不一样，自然也就无法找到普世价值。但是找不到真的就能代表中西方之间没有共同的价值吗？中西方之间普遍性是存在的，特殊性也是存在的。不同的民族之间是否存在超越民族、宗教等等差异的普遍有效的价值？每个民族都有自己的局限，它创造的文化也是有局限的。我们可以说某个民族有它自身相对于特定环境的优质的文化，但是这毕竟是局限在一定地理区域之内的，它所创造的文化不可能回答整个人类世界的问题。而这种局限只有随着民族的消失而消失。中国创造的传统文化就其特定的环境来说，确实是非常优秀的文化，其本身也具有适用于大多数人的价值观。但是这种价值观可能仅仅适用于这个民族，无法成为其他民族的价值观。

同时，还应注意关于词汇的解释问题。一个问题，不同民族之间可能确实存在某个相同词汇的价值观，但是在不同的历史条件下、不同的地理环境下，对这个词汇的深层内涵可能有不同的理解。所以彼此之间还是存在差异的，并不具有普世性。同样，如果一个世界都是一种文化、一种价值导向，这个世界肯定会失去活力。这种文化也无法在竞争中凸显魅力，陷入泥潭。

关于普世价值的存在问题，答案在历史中探寻，也在人的实践活动中探寻。"点滴所得，皆在亲征。"虽然凡事只有自己实践过领会理解才会更真实，但是人的生命是有限的，在祖祖辈辈留下的丰富经验之上做总结未尝不是一种方法。普世价值是一个人短短的一生所不能完全领悟的，也不是只在几千年的历史基础上就可以解决的，它是个历史问题，不仅仅关乎过去、现在，还关乎未来。人们无法预测未来的事，所以对如今一些人所提出的普世价值并不持赞成态度，能不能经受得住未来的考验还是个未知的问题，无法判断，也无法臆测它假使存在。

第四节　现代性视域下的中国传统文化价值及其现代转换

现代性危机实质上是文化精神危机，走出现代性危机是人类面临的共同课题。虽然作为现代性发源地的西方文化对此做出过积极努力，但是，囿于其哲学人学本体论及其带来的文化价值合理性预设，无论是"反思的现代性"还是"批判的现代性"，都无法实现对现代性危机的救赎。改革开放以来，随着市场经济及其自由化运动的兴起，中国也不可避免地出现了一些以道德滑坡、信仰缺失等为特征的现代性"危机"。走出现代性的困境必须发掘中国传统文化的现代性文化资源意义，在与马克思主义视阈融合中实现中国传统文化的现代转换，并以此真正实现文化自信、文化自觉、文化自强。

2017年2月6日，中共中央办公厅、国务院办公厅印发了《关于实施中华优秀传统文化传承发展工程的意见》（以下简称《意见》），《意见》指出：实施中华优秀传统文化传承发展工程，是建设社会主义文化强国的重大战略任务，对于传承中华文脉、全面提升人民群众文化素养、维护国家文化安全、增强国家文化软实力、推进国家治理体系和治理能力现代化，具有重要意义。通知要求各级各地认真贯彻实施优秀传统文化工程。实施优秀传统文化工程既是一个理论问题也是一个实践问题，探索挖掘中国传统文化现代价值并在与马克思主义视域融合背景下实现中国传统文化的现代转换是实施传统文化工程的重要课题。

一、现代性的困境与西方文化的反思与救赎

现代性的基本观念来自于西方启蒙运动，其基本精神概括为理性、自由、平等、权利，在启蒙精神引导下，现代性带来了人类文明发展的巨大成果。可以肯定地说，没有启蒙以来的现代性运动，人类的文明不可能达到今天如此高度，从这个意义上说，我们必须首先赞美和庆幸现代性运动。

但是，毋庸置疑的是，现代性是一把双刃剑。随着现代性对人的主体地位的肯定和颂扬，现代性带来了人与自然、人与人、人与自我之间的三大矛盾。首先，与传统社会否定人的感性物质合理性不同，建立在唯物主义基础上的现代价值体系倡导的是一种感性物质主义，其带来的结果是随着自然科学的兴起，人对自然开发和改造能力的提高，人类的物质文明在不断提高的同时，形成了人类与自然之间的紧张。法国学者鲍德里亚在其著作《消费社会》中谈道："今天，在我们的周围，存在着一种不断增长的物、服务和物质财富所构成的惊人的消费和丰盛现象。它构成了人类自然环境中的一种根本变化。"人与自然的关系就演变成了开发与控制的对立关系，人类近五十年以来对自然的破坏超过了人类史以来二十万年的破坏，气候的变化、现代工业所依赖的自然资源的枯竭和环境的污染是人类当前面临的最大危机。其次，在现代性的发展过程中，人的异化成了现代人的普遍生存状态。人文主义在完成了反封建斗争的任务后逐渐被人们淡忘，理性主义也在资本和利益面前丧失了价值判断力，人类在新的历史条件下又置身于资本和技术的奴役之下，成为物统治的对象。人的异化本质上不过是在人与他者之间的存在关系上，立基于个体的自由和权利，个体在整体面前表现出来价值绝对优先性，从而在人与人的关系中始终陷入一种个体与整体价值悖论。第三，由人与自然，人与人之间关系悖论所带来的最终是人自身内在道德认知和道德心理的扭曲。现代性危机的最深层表现是人处于自我内心的理性与良知的冲突与矛盾之中，从而由个体道德自我的消解带来整个社会的道德滑坡和宗教信仰的缺失，这在总体上表现为现代性危机最突出特征。

总之，现代性以来自然环境的恶化、国家和地区间的冲突、人与人之间关系的异化等构成了现代性的人类生活的基本主题和场景。构成这一现代性危机场景的根源在于现代性伊始其哲学的人学本体论上将人的本质解释为："感性高于理性，个体优先于社会"，从而在价值上肯定个体对感性物质追求的合理性，由此展开的现代性画面必然是个体为自我的利益和价值形成"狼与狼"之间的竞争局面。也就是说，现代性哲学本体论对人的解释构成了西方现代性危机的真实根源。

对于肇事于西方的现代性危机，西方都曾从文化视角做出过积极的探索。针对现代性人学本体预设及其带来的"原子式"存在困境，黑格尔建构起"绝对精神"王国，借助"主奴辩证法"对现代性以来的"理性"进行了反思，反思的结果是发现了"反思的理性"，

即否定现代性单纯的自我理性，主张在"自我意识"和"另一个自我意识"之间的"相互承认"的主体关系中实现个体与普遍性的统一，实现个体与他者关系上的和解。显然，黑格尔是通过一种文化历史方法将人的本质预定为一种文化历史存在，让个体在"绝对精神"理念下回归文化实体，这一文化历史方法具有一定积极意义。不过，他的"绝对精神"理念下个体性与普遍性、目的合理性与文化合理性的统一只是在主体的意识、精神领域里的统一，意志自由的现实结果实际上仍然是个体的不自由，而这与现代性的基本精神是冲突的。因此，他对现代性的反思具有不彻底性，其现代性的文化合理性困境并没有得到解决，究其根源乃在于"绝对精神"并非其真实的文化历史传统。

继黑格尔之后，韦伯也对现代性视野中工具理性与价值理性之间的悖论提出了自己的方案。韦伯在《新教伦理与资本主义精神》中，通过"韦伯命题"的反命题说明，资本主义的发展正在于以新教伦理为核心的资本主义文化精神，证明了社会发展的文化合理性观念，不过，韦伯并没有对资本主义文化的衰败情况给出一个建构性的方案，他的理论意义只在于批判。最为关键的是，韦伯方案是将现代性的出路导向一种宗教信仰——新教伦理，这对于全球化视野下同样具有现代性危机而缺乏新教文化背景的地域来说，其文化路径并不具有普遍性意义，因此，韦伯方案也无法拯救现代性的普遍困境。

对于现代性的普遍困境，现代美国政治学和伦理学大师罗尔斯给出了更加深刻全面的论证。他在康德道德哲学和黑格尔精神现象学的基础上，借助"公平正义"的制度文化，通过"正当优先于善"的方法把目的合理性与价值合理性统一了起来。"正当"是在经过"重叠共识"后形成的，它本身既是公共的善也包含着个体善，也就是说只要是正当的，那么自然也就是善的，正当对善的优先性并不否认个体善的价值地位。因此，正当与善的相融就是个体与整体、目的与价值的统一，制度既维护个体的道德自由，又维护整体的伦理秩序，是道德辩护与伦理关怀的统一。显然，罗尔斯依赖的是一种制度文化，但问题的关键是这种公平正义的制度如何可能？罗尔斯反过来通过个体的理性建构，以"无知之幕"建构"公共理性"背景下的制度伦理。罗尔斯的全部理论都是建立在"无知之幕"基础上的，尽管它具有一定的理论意义，但在实践上毕竟缺乏历史现实性。

综上所述，时至今日，关于现代性危机的出路依然存在各种论争，似乎并没有形成一个统一的认识。无论是康德的"启蒙现代性"，还是黑格尔的"批判的现代性"，抑或是当代的"后现代性"均没有走出一条可以弥合主体与客体、感性与理性、物质和精神相互对立状态的新的哲学路径，他们虽然都试图从文化价值理念层面化解现代性内在对立和矛盾，但是，其结果最终都失败了。

二、中国传统文化的整体优越性及其现代价值

全面审视现代性危机，一个可能的路径选择是重新从中国传统文化中寻找思想和文化资源，这是因为中国传统文化中蕴含着文化上的优越性。

与西方现代性预定的形上人学本体不同，中国传统文化在哲学人学本体论上建构的是一种"关系"本体。中国传统文化表现在哲学本体论上是超越了古典形上本体之自然主义和人本主义之上的"关系本体"。中国传统文化的本体世界及其形成的价值理念集中地体现在其"生态文化价值体系"中，在这种生态文化价值理念下，它克服了个体优先于整体或整体优先于个体的价值二元对立困境。在这样的价值理念下，个体与他者的关系构成的是一种新的伦理关系，即"我为人人，人人为我"，这样一种价值理念正是现代性危机的解药。

中国传统文化的优越性在于其彰显出来的一种"天下"价值观念。与西方形而上传统不同，中国文化传统更关注形而下，以孔子为代表的儒家文化从根本上说并没有太多关注人的形上本体，其"人之初，性本善，性相近，习相远"更多地认为人的本质不在于先天之本，而更多地强调后天形成，或者说，对于人之形上之本更多的是从价值的"应然"层面去界定的，即人应当为善，因此，中国传统文化更多地关注人的本质在形而下层面的实现，但是，与西方从古希腊文化衍生出自由、平等、法治等文化价值理念不同，中国传统文化没有转向以个体为核心、为本位的自由主义和个人主义，中国传统文化的个体解放的意义在于"为天地立心，为生民立命，为往圣继绝学，为万世开太平"，正是基于这样一种"天下"观念，中国各派哲学家均能建立一套"体用一如""变常不二""即空即色""即现象即本体""即刹那即永恒"之形而上学体系，借以了悟一切事理均相待而有，交融互摄，终乃成为旁通统贯的整体，此一哲学形而上学克服了二元论之悖论，与西方现象学和量子力学有异曲同工之妙。

中国传统文化的优越性还在于"三教合一"的信仰世界。中国的传统文化是一种可以自足的价值生态系统，个体可以从自身的文化生态系统中汲取个体安身立命的道德资源。传统的儒家文化提倡"内圣外王"的"入世"精神，与儒家"内圣外王"的积极入世精神相对应，道家的"无为"思想具有一定的消极"避世"意味，是一种个体在人生奋斗不得意状态下的心灵安置，佛教的思想从积极的意义上看，显然就在于立足于眼前的无，"无"才是最大的智慧，这种思想对人生失意具有心灵安顿作用。

综上所述，以儒家为底蕴的中国传统文化的优越性在于其对现代性的个体性与普遍性对立的伦理困境具有解构作用，也就是说，中国传统文化并非只强调整体价值而忽视个体价值的，也不是只一味强调个体自由而否定普遍性，"中国的传统文化是一种可以自足的生态系统，系统中的各种文化因子相互融合，相互补充，将各种生态因子密切结合可以给人以安身立命的价值意义"，也就是说，一切伦理和谐似乎都是预定的，唯独中国的传统文化价值生态可以在无预定的前提下维护人的道德境界。因为这种生态因子的相互补充与融合实现了道德个体在自身的文化系统内消解现实世界与理想世界、客观世界与主观世界的冲突和矛盾。

三、马克思主义视阈融合中的中国传统文化现代转换

尽管传统文化具有现代性资源意义，但是，现代性的另一面就是颠覆传统，在现代科学思想的冲击下，传统的信仰世界日益处于危机之中，因此，走出现代性危机要求必须对传统文化进行现代转换，这正是全面复兴传统文化的题中应有之义。

复兴传统文化既不是简单地对传统文化照搬，也不是对传统文化的另起炉灶，关键是理清传统文化的精髓，发扬传统文化的精髓和内核，其中最关键的是要处理好中国传统文化与马克思主义之间的内在关系，因为在价值论上，中国传统文化精神与马克思主义的"全人类的自由和解放"是一致的，也就是说中国传统文化的精髓与马克思主义有相同的文化语境，用中国传统文化重塑当代中国人的文化信仰或许更具有感召力，所谓复兴传统文化乃是转换另一种语境借助传统文化力量来引导市场经济以来滋生出的各种非人道现象。

正是基于这种共识，一段时间以来，在学界和政策层面确实已经达成了默契，各地各高校都出现了复兴传统文化热，甚至一些地方大有回归传统的趋势，穿古装、行古仪、说古文、背古诗成一时风气不可否认，这些举措无疑对复兴传统文化大有裨益，但是，笔者以为，复兴中国传统文化绝非穿穿古装、行行古仪矣！复兴不是简单地回归，复兴更不是照猫画虎，将传统文化进行现代转换才是复兴的要义，问题的焦点是搞清楚究竟复兴的是什么，如何复兴。

首先，在本体和价值层面，应辩证地看待中国传统文化的"人本主义"思想和精神。马克思主义认为"人的本质在其现实性上是一切社会关系的总和"，这种人学本体论肯定了人的本质的社会性，与中国传统文化的人本主义有着异曲同工之妙。在马克思主义看来，人类的感性需要无疑是客观和合理的，因为它是实现道德和精神发展的物质前提。但是，这种满足不能是一部分人的满足而必须是所有人的满足。因此，人类在这个层面的善以社会整体在这个意义上的自由为道德价值基准，反映在理念方面，就是马克思主义更强调社会平等的意义。同时，人类社会在这个意义上的善，又不过是实现更高的精神自由的一个前提条件。因此，人类终极意义的善是一种人的精神自由的善，并且这种善又是以全社会"所有人的自由发展"为前提的。由此可见，中国传统文化的价值理念与马克思主义都具有解构现代性困境的意义，当前社会主义核心价值观正是中国化马克思主义的文化阐释。

其次，在方法论层面，需要克服传统文化的"道德优先于制度"的逻辑线路。传统的制度设计要么是在政治与道德一体的模式中以道德的价值原则遮蔽政治制度的价值判断，从而实际上单纯地通过以德治国，或者是在道德哲学范式下，以道德的价值原则引导政治制度，以制度消解道德的价值基础地位，简单地推行以法治国。马克思主义强调个体道德与社会制度的双重建构，政治制度的任务就是在公平正义的精神理念下引导人们不断追求精神自由的真善美境界。当然，以国家制度的方式倡导一种统一的道德价值信念和价值原则，绝不等同于传统社会的"政治与道德一体"。因为国家在这个过程中，只是在社会生

活中以引导的方式来组织人们进行积极的讨论，并以此达成对价值观念和道德原则的共识。

总之，复兴中国传统文化必重在复兴个体性与普遍性统一的伦理精神，而需要转换的是传统的制度设计，在此意义上，借鉴罗尔斯"制度二原"之道德自由和伦理关怀，将制度设计首先指向对利他主义的鼓励，重新倡导中国传统文化个体自由之终极意义："为天地立心，为生民立命，为往圣继绝学，为万世开太平"。在马克思主义关于人的本质之社会总和论述和"人的全面自由发展以每一个人的自由发展为前提"的意义上实现文化价值理念的方向转换。据此，传统文化的现代转换既非彻底抛弃传统，亦非决然拒斥现代性，更非在马克思主义之外重树意识形态，而是三者的有机统一。

第三章　中国传统文化的传承

第一节　浅谈中国传统文化的传承

　　中国传统文化是中国文化的主体部分，也是我们从先辈传承下来的丰厚的历史遗产。它不仅记录了中华民族和中国文化发生、演化的历史。而且作为世代相传的思维方式、价值观念、行为准则、风俗习惯，渗透在每个中国人的血脉中，传承中华优秀传统文化，培育和弘扬民族精神，对于增强民族自尊心、自信心、自豪感，凝聚和团结全国各族人民起着重要的纽带和基础作用。使全国人民始终保持奋发有为、昂扬向上的精神状态，为实现中华民族的伟大复兴，具有特别重要的意义。

　　中国是一个有着数千年统一历史和悠久文化传统的文明古国，在辉煌灿烂的中国传统文化中，诸如以人为本，讲究诚信，强调和谐，重视教育，倡导德治等等，在当今中国的改革开放和文化建设中，仍然是重要资源。传承中华优秀传统文化，培育和弘扬民族精神，对于增强民族自尊心、自信心、自豪感，凝聚和团结全国各族人民，起着重要的纽带和基础作用。使全国人民始终保持奋发有为、昂扬向上的精神状态，为实现中华民族的伟大复兴，具有特别重要的意义。

　　中国文化，是中华民族对人类的伟大贡献。独具特色的语言文字，浩如烟海的文化典籍，嘉惠世界的科技工艺，精彩纷呈的文学艺术，充满智慧的哲学宗教，完备深刻的道德伦理，共同构成了中国文化的基本内容。在历史性意义上，既包括源远流长的传统文化，也包括剧烈演变的近代与现代文化。是我们从先辈传承下来的丰厚的历史遗产。它不仅记录了中华民族和中国文化发生、演化的历史。而且作为世代相传的思维方式、价值观念、行为准则、风俗习惯，渗透在每个中国人的血脉中，制约着今日之中国人的行为方式和思想方式。传统文化作为我们的先辈传承下来的丰厚遗产，曾长期处于世界领先地位，是历史的结晶，但它并不只是博物馆里的陈列品，而是活着的生命，它所蕴含的、代代相传的思维方式、价值观念、行为准则，一方面具有强烈的历史性、遗传性，另一方面又具有鲜活的现实性、变异性，它无时无刻影响、制约着今天的中国人为我们开创新文化提供历史的依据和现实的基础。因此，在现实生活的强劲脉搏里，时时刻刻都能感觉到它的存在，它在影响现实的同时，也在新的时代氛围中发生蜕变，加进新的文化内容。

传统文化是指在长期的历史发展过程中形成和发展起来，保留在每一个民族中间具有稳定的形态。中国传统文化是指以华夏民族为主流的多元文化在长期的历史发展过程中融合、形成、发展起来，具有稳定形态，包括思想观念、思维方式、价值取向、道德情操、生活方式、礼仪制度、风俗习惯、宗教信仰、文学艺术、教育科技等诸多层面的丰富内容。近百年来，国人对待中国传统文化的态度是冰火两重天。20世纪两次大的文化运动——五四运动、文化大革命，使其遭到灭顶之灾，而尤其可悲的是使中国人几千年形成的传统的思想观念、价值取向、道德情操难以为继，使新一代的中国人出现了信仰危机、价值危机、道德危机，导致民族精神的衰落。改革开放以来，随着人们思想的解放，冷静地反思；随着中国国力的强盛，民族自尊心、自信心的恢复，研究和发展中国传统文化成为当下思想文化界一道众所瞩目的风景线。由政府到学界，由国内到国外，国学热不断升温。如，全国掀起的国学热，中文搜索引擎百度开设了"国学频道"，新浪网高调推出乾元国学博客圈，政府举办了"俄罗斯'中国年'"、"德国'中国年'"，在各个国家开设孔子学堂，等等。这一冷一热带给我们很多思索：我们应该如何看待中国传统文化？应该采取怎样的方式传承和发展中国传统文化呢？

一、要正视中国传统文化中的消极现象。

中国独特的社会历史条件使中国传统文化具有鲜明的双重性格。它是一个精华与糟粕、积极因素同消极因素并存的两面体，其积极、消极因素并不是泾渭分明的，往往浑然一体、相互交织，可能从一个方面看是精华，从另一方面看又是糟粕，这种复杂情况就要求我们必须审慎地对待传统文化的影响。几千年来维系中华民族精华之源泉，深蕴着我们先民追之不舍、迄今十多亿中国人仍然哺之于中的丰富营养成分的中国传统文化，一棒子打死，妄自菲薄、数典忘祖，搞历史虚无主义是不行的；但抱残守缺、照抄照搬、全盘吸收，大搞复古主义也是违背历史发展规律的。我们在面对它消极文化现象的时候，避而不谈、违莫如深选择躲避，其实是躲不开的，还不如正视它、走近它、反观它，反倒可使之作为反面教材，有催人警醒，策人深思之效。在认清这些消极文化现象的同时促克服消极效应和影响，反而能使我们更好地吸取传统文化的精华。我们的智慧或可超然于文化之外，而我们的最终命运又必然统摄于文化之中。因此，正视中国传统文化的消极现象，对传承优秀具有十分重要的意义。

二、要加强对中国优秀传统文化的保护和发展。

任何一个民族、一个国家,不管是对历史负责,还是对未来负责,都应保有自己的文化特色,保护自己的文化遗产。这就要求我们既要加强对中国优秀传统文化的保护和发展,又要重视其理论研究。中国传统文化是中华民族在中国古代社会形成和发展起来的比较稳定的文化形态,是中华民族智慧的结晶,是中华民族的历史遗产在现实生活中的展现。这个思想体系蕴含着丰富的科学精神,主要体现在三个方面:一是凝聚之学,是内部凝聚力的文化,这种基本精神是注重和谐,把个人与他人、个人与群体、人与自然有机地联系起来,形成一种文化关系;二是兼容之学,中国传统文化并不是一个封闭的系统,尽管在中国古代对外交往受到限制,还是以开放的姿态实现了对外来佛学的兼容,三是经世致用之学,文化的本质特征是促进自然、社会的人文之化,突出儒家经世致用的学风,它以究天人之际为出发点,落脚点是修身、治国、平天下,力求在现实社会中实现其价值,因此,保护中国传统文化的物质载体,成为一项重要工作。文化的"神"是文化的核心和灵魂;文化的"形"是文化的"神"的载体,要发挥它新的生命活力,就应实现其"神"与其"形"的现代统一。一方面,我们要致力于固有的"形"保存、保护经典文本、文物古迹、传统节庆、优良的民间习俗、民间谚语等文化遗产,使之继续发挥作为其"神"的载体的作用;另一方面又要总结其"神",进行现代价值再创造,融入中国特色社会主义的理念和价值观念,及时反映和体现出改革开放进程中涌现出的一些新思维、新观念、新取向,使中国传统文化更具时代特征和时代引导能力,使"形"的文化遗产具有现代生命力。

三、要加强和重视中国传统文化的价值体系构建。

中国传统文化具有鲜明的整体性,各种文化形式之间相互贯通,相互影响。只有在比较全面了解中华文化各个门类形式的基础上,才有可能对其总体特征与实质获得较深入的理解。中国传统文化中"孝、悌、忠、信、礼、义、廉、耻"是做人的根本,也是先师孔子的德育内容的全部精髓。"仁义礼智信""以和为贵""兼爱""尚贤""自强不息"等等普适性文化元素都需要大胆地发扬光大,都应该成为学习传统文化的重要组成部分。西方文化中包含的科学精神、民主思想、法制观念、人权理论等文明成果,要像学习马克思主义一样,吸收、消化、使之中国化,成为中国文化中浑然天成的一部分,使中国传统文化的价值体系更加完善。许多腐朽、落后、愚昧成分已经难以适应中国特色社会主义现代化建设实践的需要,必然会被文化自身的新陈代谢所抛弃。中国传统文化的传承与改造要有面向现代化、面向世界、面向未来的时代意识,坚持取其精华、去其糟粕,古为今用、洋为中用,从而构建完善的价值体系,使优秀的中国传统文化得到弘扬和发展。

四、要大力传播弘扬中国优秀的传统文化。

中国传统文化是一种理性的文化，越是科学发达，越是人们文化水准提高，认识能力越是增强，就越有利于传播。早在2006年，国务院发布《国家"十一五"文化发展规划纲要》就明确提出："重视中华优秀传统文化教育和传统经典、技艺的传承。在有条件的小学开设书法、绘画、传统工艺等课程，在中学语文课程中适当增加传统经典范文、诗词的比重，中小学各学科课程都要结合学科特点融入中华优秀传统文化内容"、"高等学校要创造条件，面向全体大学生开设中国语文课"，充分体现了国家层面对中华传统文化的高度重视。通过学校教育和媒介，让孩子从小就接受中国传统文化的熏陶和洗礼，这对弘扬和发展中国传统文化可谓意义深远。学校教育中，可以把它作为一门专门单独的课程来设置，就如同语文、数学等其他各科一样，这这门课程应重在介绍中国传统思想、传统价值观和道德观、传统风俗习惯、传统文学艺术等，让学生在这门课程中认识到其博大精深的魅力而产生敬畏感；看到其与现代中国千丝万缕的联系而产生历史认同感和归属感；看到其与世界发展的联系而增强自信心；吸收中国传统思想，提高道德修养，学习中国传统文学艺术而获得美的感悟；通过不断的学习，逐步加深对中国传统文化的理解和认同，从而增进爱国情怀。只有系统传播和弘扬中国传统文化，利用现代传播媒介，向大众、向世界宣传，把这种普遍性宣传，融入文学艺术、影视戏剧中，渗透在网络、文化交流、旅游观光中，面向社会大众，重新唤起社会大众了解传统历史和文化的热情。只有这样，中国优秀传统文化，才能深入民心，走出国门，成为中国先进文化的一部分，成为世界文化的重要组成。

在扬弃了落后和腐朽，在吸收了中国新文化、新思想后，中国传统文化在人类新一轮道德价值规范的重构中找到自己的位置，成为中华民族伟大复兴和中国的和平崛起的强大精神动力。这其中融合了世界先进文化，蕴藏着丰富价值理念，他将在我们向发达国家学习现代科学技术的同时，以新的方式同世界文化、现代文明并存。这必将使中国传统文化不断焕发新的活力，并影响着全世界，彰显出勃勃生机。

第二节　中国传统文化传承人保护

鲜活的经验和智慧的精华往往潜藏于中国的传统文化之中，当代社会中传统文化传承离不开对传承人的保护。笔者从保护传承人的视角，从完善传承人培养、认定、保护机制等五个领域来全面思考保护传承人。分析保持中华文化多样性和持续性的重要性、多元文化冲击下传承人迎接新挑战的方法以及政府、研究学者和老百姓在保护传承人中的作用等问题，逐一针对当下保护传承人的棘手问题，提出了既要防止碎片与教条，又要避开传统去谈创新发展来保护传承人的策略。

文化的保护与传承是个世界性的课题，要以高瞻远瞩的视野和别具匠心的视角来展开。中国传统文化承载着灿烂的中华历史文明，维系着中华民族精神。随着改革开放和经济的不断发展，社会对传统文化的寓意有了更新一层的认识。文化亦为人化，文化主题的部分自然是人。要把中国传统文化完善的传承下去，保护传承人是个举足轻重的环节，也是大势所趋。文化传承人是促进社会经济发展的珍贵财富也是得天独厚的优质资源，对其进行保护功在当代，利在千秋。

中国传统文化是一种以口传心授与躬行实践形态来传承和延续的活态文化，因此对传承人的保护显得尤为重要。随着经济全球化的快速发展，我国传统文化的生存环境正遭遇严峻考验，例如传承人逐渐老去，生活环境的变迁也加速了文化遗存丰富的村落或少数民族聚居地的特色文化消亡等，这些都使当前保护传承人的工作显得尤为紧迫。当前各地政府和相关部门应该充分认识到保护文化传承人的重要性和紧迫性，采取有效措施，增强民众保护文化传承人的责任感，把保护文化传承人的工作实施到位，为中国的文化复兴做出应有的贡献。

一、中国传统文化传承人保护存在的问题

（一）多元文化下的冲击，浮躁之气盛行

上下五千年孕育了丰富的中国传统文化，在这几千年的传承过程中，民众们都有一个相对比较平和且封闭的社会环境场所来"安家落户"，正是因为拥有这样得天独厚、稳定祥和的社会环境，中国传统文化才能完整性地、自然地、毫无保留地延续下来。近代中国境内被外界文化潮浪不断涌入和在商业网络市场肆意覆盖下，时代的新科技和新潮流让民众打开传统大门，接受了新的事与物，例如流行歌曲、时髦服装、体育活动、国外舞蹈等。在慢慢接受新事物同时，他们却忽视了对自己优秀传统艺术文化的传承。因为受西方文化影响，现代青年人更热衷于表达自我，行为大胆且不计后果，把中国传统的文明礼仪规矩抛之脑后。在这样一个传统与现代社会强烈碰撞的时代下，传承人和传承的圈子越来越小，比如以前要绣出一幅高质量绣品，需要花上绣娘小半辈子或是几年的时间，但现在机械科技不断发展，短时间就能生产出一幅幅没有了"灵魂"的产品，所以网络上流传的苏绣、湘绣、粤绣、蜀绣实际上大都是"机绣"的话语。如若任这股现代浮华之风席卷各少数民族地区，那么诸多祖祖辈辈流传下来的民间文化精华将付诸东流。因此，在全球经济一体化下，更要保持世界文化的多样性，如若每一个民族文化都一样，人类社会就会陷入单调

不平衡状态且无法朝文明方向前进一步，那文明和科学最终不了了之，也辜负了古为今用的前人智慧和后辈的期望。因此，应着手保护传统文化，让其发挥它的独一无二的价值，让各类民族文化达到一种百花齐放与百家争鸣状态，在全球一体化的浪潮中依然屹立不倒并绽放光芒。

（二）传承人对自身价值认知不明确

时代在发展，年轻的民众已外出务工维持家庭生计，在新的商业潮流席卷下，现代化快节奏与方便快捷的生活方式对比生活循规蹈矩且平淡的传统生活方式，年轻人似乎更偏向前者多一些。真正拥有能传承传统文化能力的人才寥寥无几，有些已经离世，有的年事已高。许多非物质文化遗产名录技艺传承人都90多岁了，至今都没收到徒弟。

宣传工作虽说在循序渐进地进行，但事实上民众对非物质文化遗产的保护意识是非常匮乏的，这样的劣势现状会影响非物质文化保护和传承的进度。政府对于传承人的关注与尊敬也有些未落实到位，要理解几千年传承下来的工艺、宗教祭祀、仪式、民俗传统不单单是靠几个踽踽独行的人支撑下来就行得通的，这些优秀的文化必须要一批有崇高理想和坚定信心的人代代传承。同时传承人在对自我价值认知上也存在很多问题，社会上给予所谓的官方认可或是指定，让有些传承人稀里糊涂地当上了传承人，之后的程序就按部就班地开始打造品牌效应，登上宣扬民族文化新舞台。因为政府在申请非物质遗产传承人的过程中，只挑选出色的领头人并仅扶持补贴这几个人，这样的举措虽说是鼓励了少数传承人，但却寒了大部分传承人的心。在个人认知这一方面，因为大多数民族文化传承人受教育程度不高，加上还要维持家庭生活，很少有闲暇时间来提升自己的知识水平，他们对于外界进行得如火如荼的非遗保护了解甚少，所以传承的火苗压根没有蔓延开来。这些优秀文化是民族合力传承下来的，不能仅凭几个形影单只的人在维持，因为一旦这些人离开人世，这条文化链也就断开了，那么这些文化将统统被遗忘！所以在这一场保护战中，主体务必是拥有传统技艺的民族众人，而不是政府和专家单独认定那几位，政府是有责任和义务去保护，而不是运用"筛选"传承人来提升自己的知名度和维护自身的工作特权。

（三）忽视传承人的培养

传统文化是中华民族祖祖辈辈勤勤恳恳地传承下来的，要想良好地对接并非一朝一夕就可促成的，所以全民参与才能保证文化的精华得以完好保存。全球经济化日益发展，电影、网剧、网络新鲜事无时无刻不占据人们的生活领域，青年人渴望摆脱现有的学习压力和生活境遇，也热衷于国外的新奇文化。而父辈这一代，依旧中规中矩地参加各类传统的民俗活动，如节日活动、婚丧嫁娶等，他们依旧眷恋着中华传统文化。此时，两辈人的文化自信不一致，思想代沟也出现了，传统和现代相互撞击，传承人培养也出现了问题。

不仅是家庭方面存在问题，在学校教育这一领域也层见错出。很多高校为了谋求更高的名誉，提高升学率和知名度，给学生安排的课程大都是当下社会的热门课程，如经济学、管理学等新兴类学科,唯独忽视了自身的民族文化传承课程,导致了文化断层,加深了青年人对中国传统文化的陌生程度。虽说后期意识到了要注重培育传承人,但招生这一领域也存在很多遗憾,主要体现在生源缺乏,大多有传统文化底子的青年早已辍学或是离开家乡转行其他行业。高校设置的传统学科课程不完善,研究的成果不显著,社会很少开展优质的传统文化教育活动来鼓励家长和青年人要重视传统文化等系列原因,造成目前传统文化传承面临险境。

(四)传承人认定机制不健全

费孝通说:"文化是脆弱的,如果脱离了它生存的文化圈将会走向灭亡;文化又是坚强的,走出去还能走回来,但是这种走回来是需要一个民族的集体反思和觉悟。"

首先,因为看到国外研究成果突出,所以国内便有紧迫感,想稳稳地抓住这一时代的潮流趋势,就粗略地把只要具有传统特色的文化统统认定下来,之后再慢慢投入资金和人力去研究,这导致了一些民间艺人无缘无故地就当上了传承人。也是由于上级工作任务下达很快,当地负责人为了迎合上级下达的目标需要,在认定时抓大放小,被邀请来参加申请的民众大多数质资普普通通,绝大部分有过硬本领的传承人没有得到有效地保护。

其次,环境孕育了人才也是不可小觑的部分,正所谓一方水土养一方人,独特的地域环境造就了独具特色的人物性格,例如北方地广物博,造就了北方人的豪迈和大气,南方总是依山傍水,孕育了许多心思细腻的文人墨客。所以现在的认定困境现状是,在保护过程中割断了生源群体,传承不能脱离环境来独立生存,而研究者们却偏偏单独拿出做研究,破坏和忽略了大局环境意识。

最后,因为国家把传统文化分很多种类,有些是世界级,有些则是国家级和省级,民众在内心都有一把秤,就把这些分类分成了三六九等,很多时候商家为了商机愿出投资,民间艺人为了拔得头筹不惜与同行分道扬镳。加上官方给的保护措施使民族文化传承仅流于形式,泛泛而谈没有得到具体落实,传承的社会风气不正,降低了艺术家保护的热情和戳伤了传承人的积极性。

(五)传承人保护机制不完善

经济时代以 GDP 来衡量一个国家的实力,国家许多政策都倾向如何发展经济,却疏漏了文化软实力需要发展和创新,这导致民众对自身拥有的才华和手艺技能处于一种找不到归宿感状态。民间艺人们因这种不确定性让很多艺术资源被国外或者是无信用商家利用,商家诱导民间艺人把技艺带入公共领域做没有任何价值的展示,也逐渐让后辈青年人认为这是平淡无奇、触手可及的普通事物,无限分享资源也无妨。老一辈热爱并敬畏传统文化,却疏于把这种观念传递给下一代,让新一辈不屑于对传统文化的关注,让两代人思想交流上没有形成共鸣。由于时间一直拖延,浪费了传承人的对接最佳时机,"人亡歌息"是目前国内说唱艺人面临的瓶颈。又比如联合国教科文组织认定的我国六位剪纸艺术大师,目前已有四位相继辞世，健在的两位均已 80 岁高龄，但却没有找到合适的传承人。

二、完善保护中国传统文化传承人的措施，夯实中华传统文化根基

中国奇迹不仅体现在建筑效率高，实施计划速度快，经济发展迅猛，同时也体现在高尚的精神修为及自强不息、厚德载物的价值观。活态传承讲究的是"活"字，传承人在文化活动和文化形态中的作用尤为重要，离开了"人"的概念，整项计划的核心会支离破碎。今日对待传统文化传承抱有什么样的态度，今后它便是什么样的发展趋势。我们要努力发掘传统文化的当代价值，让它作为软实力发展的前进动力，用名垂千古的精粹来滋润当代国人的精神世界，以充满斗志盎然的朝气和励精图治的底气维护中华民族文化的独特性。

（一）在多元文化时代中，保持自身民族文化自信

习近平同志指出，坚定中国特色社会主义道路自信、理论自信和制度自信，说到底是要坚定文化自信。培育好社会主义价值观并弘扬中国独具特色的文化精神是我们义不容辞的责任。让后辈在浮躁之气盛行的今天重新找到自己的定位，重视且明确审视传统文化的价值，这样更有利让民众树立文化自信以及提升民族自豪感。关于提升民族文化自信可以从以下方面考虑：

1. 自信本身的传承能力

从中华人民共和国成立之初，许多核心技术我国还没拥有，所以选择模仿西方的办学教育等机制，那时许多国人认为西方或苏联模式是最佳的，瞧不上自身拥有平凡且实用的技艺。新时代在发展，我们要隔离这种"西方最佳论"的辐射，要相信国家的实力，尊重传承人在新环境下的转化和创新能力。民众总是惶恐老祖宗流传的"宝贝"在我们这一辈手上弄丢了，实则，让传承人自身对传统文化有深刻的认识并为之感到自豪才是首要任务。

2. 让传承活起来

在对中华文化自信的前提下，应一只手抓住传承另一只手抓住创新，充分发挥群众的能动性，保持好传统文化的本真性和创造性，真正做到让传统文化在当今时代依然有着强大的生命力。比如，笔者在贵州西江千户苗寨调研时发现，那里有着传统染布手艺，每一块布的花纹和配色都是独一无二的。染成之后，面积稍大的染布可以做成连衣裙、长裤和外套，面积稍小的可以做成围巾、小背包、钱包、笔记本书套等，物尽其用，颇受现代游客喜爱，传统手艺通过创新形式在市场上找到了自己的存在价值。

3. 用发展的眼光看传承

要做到长期传承，有时原汁原味保存最初本真模样反而限制了文化自身的发展趋势，传承技艺的每一部分是世世代代流传下来的，也是被不断创造的。各个时期的传承人都是在时间的打磨之下，经历朝代变更再与身边的生存环境相互磨合"交流"之后，才创造出

中华艺术瑰宝。对文化要以发展的眼光去看它，一边保护又一边助力于它。凝固的眼光既不能让传统文化在全球经济时代延续发展下去，更不能让文化自信固守在群众心里。

（二）创设传承人与新时代亲密接轨的机会

1. 开设传统文化传承人研修班

在传承过程中，否定了传承人是传承总核心，就相当于否定了我国无法完整把握多样性的传统文化，因此培养好传承人是最佳的科学有效途径。在关于非物质文化遗产保护过程中，各类资源都可以在短期时间内召集完成，比如财力、物力、人力，唯独传承人这个"智力"是最需要时间和专业性来推敲打磨的。传承人是时候需要"见世面"了，因为诸多传承人的文化知识水平普遍还不够高，在法律上的知识尤为欠缺，如果对于基本的法律保护知识都不理解，那如何谈得上自我保护呢？研修和培训不仅能让传承人接触新社会和新观点，并学到相关的法律或是文化知识，为自己以后创作增添灵感，也对自身文化财产安全增加了一层保障。研修的相关知识会让传承人理解到，要想传承技艺长久存活，就要让传统的技艺活起来。我们不仅要让传统文化成为昨日的美好，也成为今日的宝贵文化。

2. 让传统文化与市场"合作"

"授之以鱼不如授之以渔"，可鼓励传承人与学校或者是与相关企业专业团队合作研发，打造符合市场文化的产品。在研发过程中要结合前卫时尚与传统文化两者的特点，设计出原创性和层次丰富性较高的产品，用现代青年人的观念去播撒民间特色文化的种子，以这种新型文化形式来传承和延续传统文化精神。例如，艺术节上可以创新，在配乐或是服装上进行高质量改良，打造出既能保存传统文化精髓却又不失现代人审美的一场文化视觉盛宴。可以突破常规打造新产品，使研发出来的产品具有古色古香和实用性的优势。这样不仅可以让传承人与外界亲密接轨，发挥自身的创作灵感体现当代价值，而且能够让自己的收入足够维持生计；最重要的是这样的举措结合了原真性和市场性，达到双赢。

3. 运用网络新媒体

利用现在网络新媒体渠道，不断创造条件，让传统民间艺人能够有效率地从事传承活动。使传承队伍在接触外界新事物中不断壮大，激发灵感，再结合自身本拥有的传统技艺，打造传统文化新局面，使队伍齐心协力处理并开拓好民间各项事务。据悉，云南省一批国家级省级传承人将逐步在省内高等院校、中小学开课授徒展示技艺，在为期一周的授课时间里，学生们不仅能直观感受到传统技艺展示出的魅力，也拓宽了兴趣范围；而且能让传承人有机会了解青年人的所思所想，面对面的近距离交流无疑加深了青年人对传统文化活动的印象，也能推动传承人良好地发展。

（三）加强民间文化人才的保护与培养

传承人正在减少是民间文化保护面临的最大屏障，传统文化传承这项工作不是潦草勾勒几笔就能延续几千年精髓的，它随时处在濒临灭亡的险境。所以专家学者肩负伟大而又光荣的使命，要不遗余力地去完善知识理论构架，制定好各项保护细则，更要结合专业的知识展开田野调查，用心耕耘这片希望的田野。

1. 考虑传承人想法并劝导以正确方式传承

我国大部分传承人技艺都是师傅带徒弟模式，师傅手把手教徒弟学。2016年中国电影《百鸟朝凤》以传承人的角度拍摄了影片，片中阐述了男主人公游天鸣从小就跟焦三爷（唢呐老艺人）学吹唢呐，与师傅同吃同住，讲述了几代传承人用坚定的信念去传承唢呐精神的故事。最后，这部电影斩获国内外诸多大奖。因为是师傅带徒弟模式，如若后继无人，传承就变得岌岌可危。要突破这个难关就要创造合适的条件让青年人兢兢业业学，师傅全心全意教，不断完善各类激励机制。最后，从自古流传下来传承规矩中，依旧有着传男不传女、传内不传外的习俗，作为新时代的接班人我们要辩证地看待这个问题，何为传男不传女、传内不传外，考虑在古老的社会经济和风气下，当时为了保存家族手艺，为保住自己的看家本领才出此下策。如今这些技艺和手法快要失传，要做好老一辈艺人的思想工作，工作人员要积极引导，以一个为他们的技艺传承的角度去展开这类话题，而不是用强硬态度去说教。

2. 周详征采传承人资料并增加示范基地

民间文化传承人才资源匮乏，政府应积极组织工作人员对仅存无几的传承人进行全面保护。首先，对民间艺人进行调查，建立数据材料，其中调查认定内容包括是否了解相关法律保护知识、擅长的技艺、是否找到接班人、传承谱系和路线、对未来技艺的期望等内容，以求最大限度抓住正在流失的传承人和他们的技艺。其次，工作人员在去田野调查时，要做到极力挽救保护传承人的传统技艺，录下传承人的影像资料，回返工作地点组织专业人员进行全面知识录入，运用活态传承、口述历史等专业术语来制作影像达到非遗传承要求，以备后代可根据已有的视频资料精准掌握精髓。最后，如今大量的民俗活动用品很少出现在日常生活中了，在技术潮流拥挤的今天，需要打造恰当的生活环境氛围，让后辈从小感受到文化氛围，有兴趣有意识地去感知传统文化。社会、学校和家庭在培养传承人这项工作中都是重要角色，传承从来都不是几个孤孤单单的人能扛起来的，应积极引导群众自觉地参与培养计划。为了进一步推进培养传承人的计划，可以增加或建设示范基地，因为做到传承基础稳固，传统文化才能枝繁叶茂，永葆中华之特色。

3. 减轻传承人的经济负担

首先，保护与保障经费可以考虑向贫困地区倾斜，激发民众的保护热情。其次，制定明确的资助和保障政策，让民间艺术传承人心无旁骛把自身的精湛技艺传授给后代，毕竟大多数情况下，老一辈的民间艺人还要为生活奔波，甚至无暇顾及上一辈的手艺流传情况。浙江永康鼓词现有艺人30名，大多数年老体衰，生活困难，而且没有传承人，大部分年迈的艺人技艺高超却因生活清贫实属无奈，加上生活无保障，作为农民的他们都没有退休工资和医疗保险的支撑，日子过得很窘迫。通过保障经费投入和相关的经济扶持，大力保护传承人休戚与共的生态环境，这一举措会为深陷困境的艺人减轻负担。

（四）改善传承人认定机制的可能路径

在传承人认定机制还处于正在进行的状态时，传统文化认定就出现了断层现象，导致许多传统文化永久消失在人类的视野中。现在必须要扭转断层的现象，以更精细、科学的方法认定传承人。

1. 统一认定机制

"一个机构，两块牌子"，是目前的认定机制状态。传统文化的种类繁多且过程纷繁复杂，认定机构也花样百出，导致认定机制出现了很多破绽，各个认定机构大体的评定标准大都趋于一致，或因掺杂着竞争利害关系，浪费了很多资源。这种紧急局面需要国家立法来规范各省市的制度，不然认定机制一直处于这种不利状态。

2. 认定品行高尚的传承人

有些艺人为了能名声大噪，远走他方谋福利，不以家乡和民众为荣，却只身一人把所有荣誉带离最本真的生态环境。所以在认定期间一定要认真核对经常外出演绎的艺人申报工作，引导并确保传统文化与社群是唇亡齿寒的关系。公众认可度高的，乐于造福家乡和社区生态环境的，从事专业技艺有20年以上丰富经验的艺人皆视为重点保护对象。

3. 多维角度认定并设置紧急制定制度

传承人一旦被认定为国家级或省级，很多变数也会接踵而至，专家和研究人员要结合实事求是的田野调查报告，对传承人的认定、扶持、监管等细则做到亲力亲为，以求最完善成效。在评审或研究过程中可以邀请精通少数民族文化或语言的学者，全方位角度认定传承人，以求降低濒临消亡文化的风险。传统文化是一代又一代的中国人呕心沥血之作，随着传承人的逐渐变少，有些传统技艺还没来得及传承和认定，就永久消失了，实在令人惋惜。为此政府应设有紧急临时指定制度，在最短时间内尽最大努力记录和保存这些面临消亡的文化遗产。譬如我们熟知的《二泉映月》等一系列由著名民间艺人阿炳演奏的民乐，就是在艺人阿炳病重的情况下，由我国著名音乐家杨荫浏等学者抢救下来的。

（五）完善传承人保护机制

传承人是中华文明的创造者和传承者，保护传统文化传承人是这场保护大战的"灵魂"。市场有太多的目的要去主导非遗保护，实践证明政府自始至终都应作为保护传承人的领军者，因为政府能做到科学管理规划和安排，特别是在商业经济冲击下保持清醒头脑，牢牢地抓住不同时期的主要任务。

1. 村落保护与传统文化共荣

很多村落因时代的变迁生活方式也被改变了，当下国家正在实施保护村落计划，要不遗余力地保存民众的衣胞之地。同时中央财政对少数民族的传统文化大力支持，鼓励和倡导传承人走向正确的保护方向，建立专门保护传承人的基金，以实际行动落实好这项工作。李伊园是广西壮族自治区级非遗传承人，柳州市扶持她运用苗族刺绣技艺建立生产性保护基地，按照"公司＋基地＋民间手艺人"的新模式，她组织贫困户来基地培训刺绣、运用蜡染技术售卖苗族服饰，近几年，经过发展订单和拓展市场，2017年销售额突破了300万元，不仅给当地居民提供了就业机会，村落也在新型保护模式下不断发展。保护传承人和村落两个项目可以完美结合，扶持村落不仅仅是促进当地经济增长，同时也能保护中国传统文化的根基，保护独一无二的传统文化传承人。在同一片土地上实现资源共享，成就了百姓也保护了传承人。相信在这两项保护项目运行下，民众能从中受益，从而唤醒其文化传承意识。

2. 积极发挥民间团体的作用

在保护传承人问题上总有一些领域涉及少数民族禁忌，比方说神事活动，地方神灵祖先不允许别人占用，祭神的神秘性等方面，这时可以借鉴民族事情由民间团体解决。自古民间大事件村民不能做决定时，都会去寻村里有号召力且有智慧的村主任或是社长来定夺。在保护传承人和少数民族不让外人接触祖传技艺矛盾点上，民间团体负责人可以起到调节缓和作用，这样不仅节省了政府管理开支也保持了原本的少数民族特色特征。

3. 列"病危"清单

同前述设置紧急制定制度的观点统一，应对马上面临消亡或濒临灭绝的传统文化设有紧急抢救清单。保护传承人工作中，关键在于对传承人的保护和抢救缺少科学记录。研究人员或学者要在研究少数民族传统文化过程中，做到精细归类好各类传承人资源数据，包括传承内容，谱系、历史、全面影像记录等，以便准确制定保护传承人计划和后期更新传承人资料。展开田野调查时要做到实事求是，面面俱到了解并记录传承人的最新发展近况，把一些"病危"清单以专业的知识做成及时保护规划。很多传承人，特别是国家级传承人年龄都比较大了，来不及拥有原本就属于他的荣誉就撒手人寰了。

优秀的民族传统文化具有强大的凝聚力和向心力，是国家稳定、民族团结的重要纽带，是国际软实力竞争的重要资源。要传承传统民族文化，"人才"是一个关键环节。因此，我们有必要聚集全社会和政府相关部门的力量，在多样化的发展社会中不断用实践去巩固和完善保护策略，制定并完善认定机制和保护机制，为后续传承人提供良好的生态环境，调动文化传承人的积极性和主动性，夯实中华传统文化的根基，为中华文化在新时代面对国际新挑战中提供强大的精神动力。

第三节　试论中国传统文化的传承与发展

中国传统文化是由中华文明演化、汇集而成的一种反映中华民族特质和风貌的民族文化。中国传统文化与世界上其他的文化或文明相比，具有以下特征：历史悠久、绵延不绝，兼容并蓄、包容融合，持中贵和、追求和谐，以人为本、道德至上，求是务实、注重实用。研究中国传统文化，目的是为了继承和发展其优秀文化成果。在中国优秀传统文化成果中，"兼容并蓄"思想、"贵和、和谐"思想、"修齐治平"思想，尤其值得传承与发展。

中国优秀传统文化是中华民族的精神家园，是实现中华民族伟大复兴的强大精神动力。党的十八大以来，习近平总书记对中国优秀传统文化在坚定文化自信、增强文化软实力、实现中华民族伟大复兴中的重大作用进行了系统论述，并强调要重点做好优秀传统文化的"创造性转化和创新性发展"。在党的十九大报告中，习近平总书记进一步明确指出，要"推动中华优秀传统文化创造性转化、创新性发展"，"深入挖掘中华优秀传统文化蕴含的思想观念、人文精神、道德规范，结合时代要求继承创新，让中华文化展现出永久魅力和时代风采"。中国传统文化中包含着丰富而深刻的哲学理念和人生智慧，直到今天仍然散发着历久弥新的光芒。深入研究和探讨中国传统文化及其主要特征，弘扬、传承和发展中国优秀传统文化，对于坚定文化自信、建设社会主义文化强国、实现中华民族伟大复兴的中国梦，具有重大的现实意义和深远的历史意义。

一、中国传统文化的含义

中国传统文化的概念。中国传统文化是一个内容丰富、难以概括描述的概念。一般来讲，它是由中华文明演化、汇集而成的一种反映中华民族特质和风貌的民族文化，是中华民族历史上各种思想文化、观念形态的总体表征。众所周知，中国传统文化是中国文化的主体部分，是从先辈那里传承下来的丰厚的历史遗产，它不仅记录了中华民族和中国文化发生、演化的历史，而且作为世代相传的思维方式、价值观念、行为准则、风俗习惯，渗透在每个中国人的血脉中，成为一种文化基因。大多数学者认为，中国传统文化是由居住在中国地域内的中华民族及其祖先所创造，为中华民族世世代代所继承发展，具有历史悠久、内涵丰富、博大精深、传统优良等鲜明民族特色。中国传统文化的核心内容是儒家文化，除此之外，它还包含有其他文化形态，如道家文化、佛教文化、法家文化、墨家文化等。习近平总书记曾指出:"儒家思想同中华民族形成和发展过程中所产生的其他思想文化一道,记载了中华民族自古以来在建设家园的奋斗中开展的精神活动、进行的理性思维、创造的文化成果,反映了中华民族的精神追求,是中华民族生生不息、发展壮大的重要滋养。"也有学者认为,中国传统文化主要由三种文化组成,即:儒释道文化。其中儒家文化代表了人性中的社会性,道教文化代表了人性中的自然性,而佛教文化代表了人性中的精神性。换言之,儒家主张入世,道家主张出世,佛家主张救世,三者相互影响,共同推动着中国传统社会的稳定发展。实际上,中国传统文化的渊源更为广泛,其内涵也更为丰富,它是中华民族在5000多年文明发展进程中,以儒家文化为主体,广泛吸收其他多种文化而形成的独具民族特色的历史道德传承、各种文化思想及精神观念形态的总体。

中国共产党和国家领导人及文化名人对中国传统文化的解读。在中国共产党和国家领导人中,对中国传统文化有着特殊喜爱和深厚研究的莫过于毛泽东。毛泽东一生酷爱阅读中国历史和典章古籍,他的文章、诗词、讲话,无不渗透着中国传统文化的滋养。正是他对中国传统文化的批判继承,最终形成了第一个马克思主义中国化的理论成果——毛泽东思想。对于如何继承弘扬中国传统文化,一直是毛泽东关注和关心的问题。1938年10月,毛泽东在党的六届六中全会上指出:"我们这个民族有数千年的历史,有它的特点,有它的许多珍贵品……我们不应当割断历史,从孔夫子到孙中山,我们应当给以总结,继承这一份珍贵的遗产。"习近平总书记对中国传统文化也怀有深厚的感情,并对此进行了深入思考和深刻论述。2009年5月13日,他在中央党校2009年春季学期第二批进修班暨专题研讨班开学典礼上指出:"中华民族有着五千年的文明史,传统文化中的许多优秀文化典籍蕴涵着做人做事和治国理政的大道理优秀传统文化可以说是中华民族永远不能离别的精神家园。"2013年3月1日,他在中央党校建校80周年庆祝大会暨2013年春季学期开学典礼上强调"中国传统文化博大精深,学习和掌握其中的各种思想精华,对树立正确的世界观、人生观、价值观很有益处。古人所说的'先天下之忧而忧,后天下之乐而乐'的政治抱负,'位卑未敢忘忧国''苟利国家生死以,岂因祸福避趋之'的报国情怀,'富贵不能淫,贫贱不能移,威武不能屈'的浩然正气,'人生自古谁无死,留取丹心照汗青''鞠躬尽瘁,死而后已'的献身精神等,都体现了中华民族的优秀传统文化和民族精神,我们都应该继承和发扬。"2014年5月4日,他在与北京大学师生座谈时再次强调:"中华文明绵延数千年,有其独特的价值体系。中华优秀传统文化已经成为中华民族的基因,植根在中国人内心,潜移默化影响着中国人的思想方式和行为方式。今天,我们提倡和弘扬社会主义核心价值观,必须从中汲取丰富营养,否则就不会有生命力和影响力。"中国的文化名人和文化大家也很重视中国传统文化的发扬光大。学术泰斗、国学大师季羡林认为,国学应该包括外来的与多民族的文明。他在临终前还思考着"大国学"这个概念,他提出的"大国学"把五术六艺诸子百家之学、东西南北凡中国地域内之学都包括在内,像满文、藏文、佛教文化等都属于"国学"的范畴。他说,西方有人认为中国到二十一世纪初期将成为经济大国，甚至是军事大国，其实中国从本质上说是一个文化大国，最有可能对人类文明做出贡献的是中国文化，二十一世纪将是中国文化的世纪。中华炎黄文化研究会会长许嘉璐曾说，传承中国优秀传统文化最好的办法，就是诵读古典优秀诗文。他认为，优秀传统文化中的那些名篇、名句都是人生哲理、中国魂，一篇可以顶其他若干篇。他强调优秀传统文化不是摆设，不是只供学者研究的对象，而是养成民族灵魂的最好营养；如果一种文化产品只存在于博物馆中，一种文艺形式只存在于舞台上，那么可以说它们就是死的东西。同样，如果传统文化只存在于学者的书斋里或研讨会上，那么也可以说，它是死的东西。他认为文化应该活在街道上、活在家庭中、活在人心里。由此可见，我国党和国家领导人以及文化名人都非常重视对中国传统文化的传承和弘扬。我们要实现中华民族的伟大复兴，就必须传承和弘扬中国传统文化，汲取其精华，剔除其糟粕，促使中国优秀传统文化与时代精神结合起来，做好继承、发展和转化、创新工作。习近平总书记指出："要加强对中华优秀传统文化的挖掘和阐发，使中华民族最基本的文化基因与当代文化相适应、与现代社会相协调，把跨越时空、超越国界、富有永恒魅力、具有当代价值的文化精神弘扬起来。要推动中华文明创造性转化、创新性发展，激活其生命力，让中华文明同各国人民创造的多彩文明一道，为人类提供正确精神指引。"

二、中国传统文化的主要特征

对于中国传统文化的特征，许多学者从不同的角度进行了研究，并提出了不同的观点和看法。例如，哲学家、国学大师、有着"中国最后一位儒家"之称的著名学者梁漱溟先生，在其撰写的《中国文化要义》一书中，曾概括了中国文化的十四大特征。台湾学者韦政通则认为，中国传统文化有十大特征。但笔者认为，概而言之，中国传统文化具有以下主要特征。

历史悠久、绵延不绝。中国是公认的世界上历史最为悠久的文明古国之一。英国历史学家汤因比博士在其鸿篇巨制《历史研究》中曾说，在近六千年的人类历史上，曾出现过26种文化形态，其中就包括四大文明古国的文化体系，即中国古代文化、古印度文化、古巴比伦文化、古埃及文化等。但在这些文化形态中，只有一种文化体系是长期延续发展而从未中断过的文化，这就是中国传统文化。也就是说，只有中华文明五千年来一脉相承，从未中断，一直延续至今。除此之外，其他三个文明古国都因外族的入侵或其他原因而中断了自己的文明。在世界上最古老的三大文字系统中，古埃及的象形文字（圣书字）、古巴比伦的楔形文字都因各自文明的中断而失传，消失在历史的尘烟之中，唯有中国的汉字，伴随着从未中断的中华文明保留了下来。中国传统文化绵延不绝、博大精深、源远流长，它犹如长江之水，浩浩荡荡，流经几千年岁月、几十个朝代，默默地积蓄力量，凝聚起中华民族代代相传的民族精魂，成为炎黄子孙共同的根。在其发展过程中虽然也屡经曲折磨难，甚至几次濒临消亡的厄运，但始终没有中断过，而且在遭受一次次的挫折磨难之后，又一次次地巍然屹立于世界的东方，不能不说是世界文化发展的奇迹。

兼容并蓄、包容融合。中国传统文化的一个突出特征是其所具有的兼容并蓄、包容融合特性。中华文化之所以能够绵延数千年而不绝，而且历久弥新，充满生机和活力，其中一个重要的原因就是它具有博采众长、海纳百川的文化品格，具有强大的包容性和同化力。因此，在历史发展过程中，无论哪一种外来文化在传入中国后，最终都会被中华文化所融合、所同化。在鸦片战争之前，中国的传统文化就像一条奔腾向前的大河，任何外来文化最终都会汇入中国文化的主流之中。比如佛教，自两汉之际传入中国以后，虽然其影响曾一度超过了儒家文化，但最终还是被中国传统文化改造成为中国化的佛教；到了宋朝，开始出现了儒、释、道三教合流的现象，即"三教合一、多元一体"；南宋孝宗皇帝主张"以佛治心，以道治身，以儒治世"。其他诸如蒙古文化、女真文化等，最终都成为中华文化的组成部分。这些都说明了中国传统文化的包容性和兼容性。近代以来，马克思主义在中国的传播及其中国化过程，也都说明了中国传统文化具有强大的包容性和同化能力。毛泽东讲："十月革命一声炮响，给我们送来了马克思列宁主义。"但是，最初传来的马克思主义并不是中国化了的马克思主义，因此，我们党一再遭受挫折。最早提出马克思主义中国化的是毛泽东。他在党的六届六中全会上，第一次提出了"马克思主义中国化"这一历史命题，经过多年的努力，中国共产党人把马克思主义基本原理同中国革命的具体实际相结合，产生了马克思主义中国化的第一大理论成果——毛泽东思想。从此，中国革命从胜利走向了胜利。到了20世纪80年代，随着我国改革开放和思想解放的不断深入，"马克思主义中国化"这一历史命题再次被广泛运用。当代中国共产党人把马克思主义基本原理同中国改革开放的实际相结合，产生了马克思主义中国化的第二大理论成果——中国特色社会主义理论体系。党的十九大提出的"习近平新时代中国特色社会主义思想"，是中国特色社会主义理论体系的重要组成部分，是马克思主义中国化的最新成果。马克思主义之所以在中国落地生根、开花结果，具有强大的生命力，就在于它能够与时俱进，能够成为中国化了的马克思主义。总之，佛教的中国化和马克思主义的中国化，都充分证明了中华文化、特别是中国传统文化具有强大的包容性和同化能力。

持中贵和、追求和谐。国学大师张岱年先生认为，中国传统文化中"有一个一以贯之的东西，即中国传统文化比较重视人与自然、人与人之间的和谐与统一"。程思远把中国传统文化重视和谐与统一的特点界定为"中华和合文化"。中国传统文化持中贵和、追求和谐的思想主要体现在两个方面：一是追求人与自然的和谐统一。在人与自然的关系上，中国古代思想家认为，"人是自然的产物"，因此，天人应当和谐。比如《周易·序卦传》中说："有天地然后有万物，有万物然后有男女，有男女然后有夫妇，有夫妇然后有父子，有父子然后有君臣，有君臣然后有上下，有上下然后礼仪有所措。"认为人类是自然界的产物，是自然界的一部分，自然界和人类社会应当成为统一的和谐整体。著名思想家、儒家代表人物之一荀子在《荀子·天论》中说："天行有常，不为尧存，不为桀亡。"强调自然界的发展变化有其自身的客观规律，不会因为尧是圣君就存在，也不会因为桀是亡国之君就不存在。老子在《道德经》里说："道生一，一生二，二生三，三生万物。"此处的"道"就包含有大自然的意思，既然万物本源于自然，显然人也是自然的产物。老子还说："人法地，地法天，天法道，道法自然。"认为先有自然界，后有人类。强调人们要尊重自然，与自然和谐相处。庄子曰："天地者，万物之父母也""天地与我并生，万物与我为一"。庄子也认为人来自自然界，人与自然万物是统一和谐的整体。二是主张人与人之间的和谐统一。体现在人际关系上，中国传统文化主张人与人之间和睦相处、和谐统一、贵和尚中。孔子主张"礼之用，和为贵"。孟子提出"天时不如地利，地利不如人和"，认为人和是取得事业成功的必备条件。在处理人际关系和个人修养上，儒家主张中庸之道。中庸之道是儒家学说在处理人与人、人与社会关系时的最高原则，孔子把它称为最完美的道德。孔子曰"中庸之为德也，其至矣乎"。何谓中庸？宋代理学家解释"不偏之谓中，不易之谓庸；中者天下正道，庸者天下之定理。中者，不偏不倚无过不及之名；庸，平常也"。可见，中庸就是强调人们在为人处事上，在思想行为上要恪守中道，不偏不倚，不走极端，做到适度和守常。经过历史的沉淀，持中贵和、追求和谐的精神已经逐渐成为中华民族普遍的社会心理和共同追求。

以人为本、道德至上。以人为本也是中国传统文化的一个突出特征。以人为本就是把人作为考虑一切问题的出发点和归宿，肯定天地之间人为贵，人为万物之灵，在人与物之间、人与鬼神之间，以人为中心。在我国古代，最早提出以人为本的是春秋时期法家的管子，他在《管子·霸言》中说："夫霸王之所始也，以人为本。本理则国固，本乱则国危。"管仲在这里所说的以人为本，就是以人民为本。在我国古代文献中，人与民二字经常连在一起使用。因此，在先秦时代，一些思想家就提出了"民惟邦本，本固邦宁"的思想。孟子甚至提出"民为贵，社稷次之，君为轻"的主张。中国传统文化在强调以人为本时，还格外关注人的道德品质的完善，孔子曾说"为政以德"。古人曰，"士有百行，以德为先"。要求做人德为重，做事德为先。古人还提出要"厚德载物""以德配位"。

求是务实、注重实用。中国文化是一种典型的大陆型农业文化。几千年来，以农耕为主的生产方式和生活方式形成了中国文化注重实际、追求稳定的特点。这种以农为本的务实精神，在一定程度上造成了中国传统文化中的一个重要倾向——重农抑商。这种传统既导致了中国从古到今都是一个农业大国，商业不够发达；也导致了中国在现代化进程中，没有像西方资本主义国家那样重视工商业，现代化进程比较缓慢。但另一方面，这种传统也是符合中国国情的。中国始终是人口大国，吃饭穿衣问题不解决，一切都无从谈起。直到现在，我们依然把农业问题放在国家发展的首位。习近平总书记也指出，"手中有粮，心中不慌"，"我国是个人口众多的大国，解决好吃饭问题始终是治国理政的头等大事"。"十三五"规划也强调："坚持最严格的耕地保护制度，坚守耕地红线，实施藏粮于地、藏粮于技战略，提高粮食产能，确保谷物基本自给、口粮绝对安全。"所有这些，都反映和体现出了中国人的务实精神。中国远古女娲补天、夸父逐日、大禹治水、精卫填海、愚公移山、钻木取火等熟为人知的神话传说故事,折射出来的也是中国文化所追求的实用精神。在中国儒家、道家、佛家的三大思想体系中,也都体现出了相应的实践精神,特别是儒家思想,其追求的根本目的是教化,而非宗教,孔子穷其一生所关注的基本都是人事,而不是鬼神,是人的生前之事,而非死后之事。

三、中国传统文化的传承与发展

西方有识之士曾经客观的高度评价中国文明。英国著名的哲学家、历史学家汤因比认为,19世纪是英国人的,20世纪是美国人的,21世纪将是中国人的。他认为中国的文化,尤其是儒家思想和大乘佛教能够引领人类走出迷误和苦难。汤因比在20世纪70年代就提出了令世人深思的论点:"挽救二十一世纪的社会问题,唯有中国的孔孟学说和大乘佛法。"1988年1月,75位诺贝尔奖获得者在巴黎宣言中说:"人类要在21世纪生存下去,必须要从2500年前孔子那里汲取智慧。"2013年12月30日,习近平总书记在主持十八届中央政治局第十二次集体学习时强调:"把跨越时空、超越国度、富有永恒魅力、具有当代价值的文化精神弘扬起来,把继承传统优秀文化又弘扬时代精神、立足本国又面向世界的当代中国文化创新成果传播出去。"

兼容并蓄思想的传承与发展。中国传统文化倡导的包容、兼容、宽容思想,对建立多元、和谐世界新秩序具有积极的借鉴价值。包容和兼容并蓄精神,是中国传统文化的主要特征之一。例如"和而不同"的兼容精神。"和而不同"出自《论语·子路》:"君子和而不同,小人同而不和。""和而不同"思想在中国源远流长,早在三千多年前,中国的甲骨文和金文中就有了"和"字。"和而不同"的"和",一是主张多样性,二是主张和谐性。主张对不同的意见、不同的事物,持以宽容的态度。所以,"和而不同"的前提是承认差异、尊重差异,承认和尊重世界和事物的多样性。有一位作家曾经说过:世界上没有两粒相同的沙子,即世界上的事物是千姿百态、无限多样的。美妙的音乐,绚丽的文采,可口的佳肴,都是因为不同要素构成的更为美好的事物。世界也正因为多样性而丰富多彩。中国共产党人是中国优秀传统文化的忠实继承者和弘扬者。周恩来也深受中国传统文化的熏陶,他创造性提出的"求同存异"思想,就是对中国传统文化中"和而不同"思想的借鉴、创新和发展。1955年4月,他在亚非会议上发表了关于"求同而存异"的著名讲话,强调不同社会制度、不同意识形态,不同宗教信仰的国家,都可以在和平共处五项原则的基础上找到共同的出发点。邓小平提出的"一国两制"思想,成功地解决了香港和澳门回归问题,也体现了中国"和而不同"的传统文化精神,为世界提供了解决类似问题的成功典范。2013年3月,习近平总书记在联合国教科文组织总部演讲时也曾高度赞赏中国传统文化"和而不同"的思想,他指出:"中国人在2000多年前就认识到了'物之不齐,物之情也'的道理。"他认为,人类文明因多样才有交流互鉴的价值,人类文明因平等才有交流互鉴的前提，人类文明因包容才有交流互鉴的动力。2014年4月，在和平共处五项原则发表60周年纪念大会上，习近平总书记再次赞赏和倡导中国传统文化中的"和而不同"思想，他认为，文明多样性是人类社会的基本特征。他指出："当今世界有70亿人口，200多个国家和地区，2500多个民族，5000多种语言；不同民族、不同文明多姿多彩、各有千秋，没有优劣之分，只有特色之别。'万物并育而不相害，道并行而不相悖'，我们要尊重文明多样性，推动不同文明交流对话、和平共处、和谐共生。"

贵和、和谐思想的传承与发展。中国传统文化倡导的贵和、尚和、和合思想，对于处理人与人之间的关系，构建和谐社会，化解人类矛盾、冲突有着积极价值和启发意义。对于社会管理者来说，要达到人与人之间的和谐，必须具有民本主义思想。老子认为，圣人应以百姓之心为心。孟子提出了民贵君轻的思想。唐太宗李世民把自己比喻为舟、把人民比喻为水，提出了"水能载舟，亦能覆舟"的执政理念。中国共产党人继承了中国传统文化和谐的思想，毛泽东提出了全心全意为人民服务的主张，邓小平把人民赞成不赞成、高兴不高兴、拥护不拥护作为党的各项方针政策的出发点，江泽民把代表广大人民群众的根本利益作为"三个代表"的重要内容，胡锦涛明确提出了"权为民所用、情为民所系、利为民所谋"的思想。在党的十九大报告中，习近平总书记指出，"永远把人民对美好生活的向往作为奋斗目标"，"必须始终把人民利益摆在至高无上的地位"。和谐思想体现在人们的日常交往中，要求与他人保持和睦和谐的关系。孔子提出"四海之内，皆兄弟也"。孟子由"人和"推而广之，要求人们做到"老吾老以及人之老，幼吾幼以及人之幼"。墨子提出"兼相爱，交相利""爱无差等"的思想。这些都体现了人与人之间和睦和谐的思想。毛泽东理想中的"环球同此凉热""世界大同"境界，胡锦涛提出地"构建和谐世界"思想，习近平提出地建设"人类命运共同体"的主张，都是对中国优秀传统文化的继承和发展。

修齐治平思想的传承与发展。以儒家思想为重要内容的中国传统文化非常重视个人修养，提出作为国家管理者，要做到"修身、齐家、治国、平天下"；要"完善人格"，"立德、立功、立言"。古人曰："太上有立德，其次有立功，其次有立言；虽久不废，此谓不朽。"其中，"立德"是指做人，即做像尧舜那样道德高尚的人，做像雷锋、焦裕禄、孔繁森那样的道德典范；"立功"是指做事，像神农尝百草、大禹治水、秦始皇统一六国等等；"立言"是指做学问、著书立说，像周易《易经》、老子《道德经》、孔子《论语》等都是元典思想，唐诗宋词闪烁着不朽的光芒。在"立德、立功、立言"中，把"立德"放在了首位，说明在"三不朽"中，最重要的是个人的道德修养。孔子说："政者，正也。其身正，不令而行，其身不正，虽令而不从。"孔子认为作为社会管理者和领导者，必须加强自身修养，只有自身端正，才能成为社会和民众的楷模和典范。党的十八大以来，习近平总书记多次强调，领导干部要讲党性、重品行、作表率，做社会主义道德的示范者；要严以修身、严以用权、严以自律，清清白白做人、干干净净做事、堂堂正正做官，真正做到率先垂范、以上率下。这些思想和要求，都是对中国优秀传统文化的传承和发展。

第四节　新时代中国传统文化的传承价值

中国传统文化是中华民族在长期的历史实践过程中创造、传承下来的宝贵遗产，虽历经千年沧桑，但在新时代还有很多传承价值亟待我们去挖掘。以中华优秀传统文化作为理论基础，认真归纳总结传统文化在新时代的主要传承特点，即自我革新性、独特性、兼容并蓄性等特征，从而根据其传承中的特点转化为新时代建设社会主义经济、构建社会主义和谐社会和建立新型大国外交关系等方面提供价值源泉和理论基础。

近年来由于经济全球化浪潮的持续猛进和互联网的广泛普及，我国经济在快速发展、各方面信息交流更加顺畅的同时也带来一些巨大的文化冲击。西方主流意识形态不断融入本土文化，与之而来的还有一些西方腐朽文化对我国的渗透，社会领域中道德滑坡现象层出不穷，不少人对个人主义、自由主义等社会思潮缺乏科学判断。这与快速发展的经济形成鲜明对比，文化建设中的"短腿"现象依然存在。于是，有许多专家学者强烈呼吁应该在传统文化中寻找解决问题的答案，党的十九大报告中明确指出中国优秀传统文化是中国特色社会主义文化的主要来源之一。因此，解决以上状况需要用中国优秀传统文化来保驾护航。

一、中国传统文化的概念

（一）文化的概念

对于文化的概念，当前学术界一直没有形成一个共同认可的观点。《说文解字》解释为："文，错画也，象交文"。显然这里的"文"主要指"交错刻画的花纹"的意思。当然"文"字的含义因不同的语境和语句又有所区别，主要有"修饰；文德教化；文华，辞采；文章典籍；自然现象"等不同的意思。而"化"字的内涵，《说文解字》解释是"化，教行也。注曰：'教行：教行于上则化成于下'。徐灏笺：教化者。移风易俗之义。"化字的内涵丰富多样，例如：变化、造化、生成、习俗风气等意。而对于"文"与"化"最早并联使用较早见于战国末期的《易·贲卦·象传》中"文明以上，人文也。观乎天文，以察时变；观乎人文，以化成天下"，这里指出用人伦关系和社会规律来教化人民。

而近年来，对于文化的内涵，中外专家学者也没有一致的观点。据1952年美国学者克鲁伯和克拉克洪所著的《文化，关于概念和定义的探讨》一书中的记录可知，文化的内涵有一百六十多种解释。近现代的"文化"一词是由拉丁文"culrura"转译到中国的，原义是"指农耕及对植物的培育"，指的是一种有关农业种植与园艺有关的物质生产活动。1871年，被称为"人类学之父"的爱德华·泰勒（英）认为："文化是包含知识、艺术、道德、习俗等个人在社会中生存所必需的能力的复合整体。"他在《原始文化》一书中对文化的概括为我们理解当代社会文化奠定了基础。前苏联学者认为"文化是使文明更高尚的精神"，而我国学者则认为"就其在社会生产实践过程中的创造成果来看，文化是物质文明和精神文明相加的总结果"。

无论中外学者对文化的理解存在怎样的差异，但基本是从狭义和广义两个方面来对文化进行界定的，学术界比较认同王仲士教授在《马克思的文化概念》一文中所总结的文化概念：马克思所持观点为，从广义的角度来看，"文化是以人化自然为起点，以人的本质力量的对象化为根本的，包含人作为社会成员在改造自然过程中所创造的物质文明、精神文明、制度文明等要素"。有时文化这一概念在马克思的文章中表示不同的意思，且往往是沿用或借用别人的文化一词而使用的，一般这里表示的文化概念是狭义的。

（二）中国传统文化的概念

谈到中国传统文化必离不开中国文化，但"中国传统文化"与"中国文化"又有所区别。"中国文化"又称"中华文化"，是中华民族数千年来不断地继承、发展和创造的带有中华民族显著烙印的文化。套用中国学者对于"文化"的定义，中国文化就是指"中国人民在几千年的社会实践过程中所创造的物质文明和精神文明的总和"。近年来一些学者对文化概念的研究为大家理解中国传统文化提供了有益的指导和借鉴。郝翠梅在《浅谈中国传统文化的现代价值》中指出中国传统文化是指"中国劳动人民在以自给自足的小农家庭经济为背景、以宗法血缘关系为纽带和以儒家的伦理道德规范为轴心的环境中形成的社会文化体系"；李宗桂先生曾指出"对于传统文化的概念，在实际的文化建设实践中，许多专家学者往往把中国传统文化略称为传统文化或中国文化，这就造成了'中国文化'和'中国传统文化'概念的混淆"。他所撰写的《中国文化概论》中明确指出"中国文化就是指的中国传统文化"；学者邵汉明在研究"传统文化与现代化关系研究"中的观点与李宗桂先生一致；被誉为"中国文化普及高手"的韦政通先生（中国台湾）在其书《中国文化概论》中就将中国文化和中国传统文化在同一意义上混合使用。类似情况，学术界惯例。通过上述情况，可以了解到中国文化必然是包括中国传统文化的，中国传统文化是中国文化的重要组成部分。而对于"中国优秀传统文化"的概念，虽然学术界提及此概念非常多，但人们也没有一个明确的界定。

鉴于上述对中国传统文化的论述，总的来看，学术界比较认同李宗桂先生的解读，从广义来看，是指中国劳动人民在历史上所创造的一切成果，包括物质文明、制度明文明和精神文明等层面。从狭义来看，中国传统文化，就是在中华民族历史上存在的带有中华民族显著特性的各种思想文化、伦理规范、观念形态的总和，是包含着以儒家文化为核心，墨家、法家、道家文化等多种理论形态并存的文化体系的总称。

二、新时代中国传统文化的传承特点

（一）自我革新的品质保留最核心的特征

中国作为世界四大文明古国之一，令亿万中华儿女值得骄傲和自豪的是，中华文明历经数千载，经历多次朝代更迭和外族入侵，却是世界上唯一一个没有中断的文明。中国的传统文化也饱经沧桑，虽在某些短暂的历史时期内有所中断，在不同的历史时期或多或少地有所改变，但是大体上没有中断过，总的来说变化不大。主要得益于它能在多次的朝代的更替中不断进行自我调整，但是其核心要素一直保留下来。比如，对"天"的崇拜，人们认为天是仁慈的化身，而"皇帝""君主"是上天任命来管理天下的，"天"代表了非排外的世界观，这使得其他民族文化通过融合而不是被征服而友好地融入中国传统文化。因此，中国的传统文化也得以绵延不绝下去。

中国传统文化强大的自我革新、调整能力，使得近代以来一些西方大国惧怕"中国复兴"，但是崛起后的中国是否会如威斯特伐利亚体系中的大国诉诸武力还是按传统文化的精髓以和平手段解决，实践中的中国方案已经给出了答案。如今得到世界各国普遍认可并写入联合国决议的"人类命运共同体"思想，就是来源于儒家的"仁政"思想、墨家"兼相爱，交相利"的兼爱思想、法家"兵者，国之大事，死生之地，存亡之道，不可不察也"的反战思想等中国优秀传统文化。2019年第72届世界卫生大会首次将起源于中医药的传统医学纳入《国际疾病分类》，传统医学进入国际标准体系，这彰显了我国中医药服务在人类健康服务中的能力和地位，体现出中医乃至中国传统文化中的"合和之道"。随着历史车轮的滚动，无论是在古代，还是新时代，无论是自然地传承，还是选择性地传承，中国传统文化在不断自我革新的过程中能取各家文化之长而保留其最核心的特征，且其核心特征又能适应新时代的需要而赋予新的内涵和价值。

（二）特有的多民族传统造就独特的文化

中国传统文化是中国所特有的，与世界上其他民族文化不同。中国传统文化是以满足自身需要为主的农业经济为主、手工业为辅，以汉族文化为核心，在与其他各族人民的交流中融合发展的。这种条件下特定区域特定民族形成的文化圈，具有强烈的民族性。正因为它具有强烈的民族性，所以它是中华民族所特有的，具有独一无二性。1996年，当代著名的国际政治理论家塞缪尔·亨廷顿在其出版的书《文明的冲突》中指出"世界上是存在着多种文明的"而"中华文明作为单一且独特的文明被大家所认可。"

由于我国幅员辽阔，地大物博，长期处于一个自给自足的环境下，中国传统文化因不同地区、不同民族便形成了具有不同特点的地方民俗，如农民丰收节、传统古庙会、元宵节、少数民族庆贺节等，而且形成了独特的文化区域，如中原、荆楚、巴蜀、吴越等文化区域；不同民族、派别学说之间交融争鸣，形成了诸子百家的文化思想：儒家的"中庸"思想、道家的"无为"思想、墨家的"兼爱、非攻"思想、般若学说六家七宗的佛学思想等各家思想；传统文学中的律诗、古体诗、绝句、楚辞、宋词等；传统医学中的"望闻问切"四诊合参的方法、中医疗法、肢体疗法等等，传统文化渗透在中国的政治、经济、文化、社会等各个方面，区别于世界上其他国家的传统文化，特定的区域及特有的多民族传统造就独特的中国传统文化。

（三）海纳百川的胸怀使其源远流长

中国传统文化历经五千年的历史沉淀而能源远流长的最重要的特点就是其自身的包容性。在历史中成长的传统文化，虽然受传统自给自足的小农经济和中原地区自远古以来"面朝黄土背朝天"的生产方式影响，中国人的思想中难免会有封闭保守的一面，但是在多民族融合中成长起来的中国传统文化，却具备绝大多数国家都不具备的兼收并蓄的大包容、大气势和大气魄。其中最有说服力的是儒家文化，儒家学说是不局限于自身而集各家学说之长的集大成者。儒家的"仁政"思想使得传统中国没有出现极端的专制和暴政，与同时期西方国家霍布斯的"利维坦"式国家形成鲜明对比。现今儒家的"己所不欲，勿施于人"的思想仍挂在联合国大厅里最显眼位置，作为对工作人员的要求，体现了西方思想界对儒家文化所体现的道德优势的推崇。

我们所称的"华夏文明"在夏商周时期只包括陕西、山东、河南等中原地区的思想文化，而现在含义远超于这一地域限制，这是中国传统文化不断地吸收包容、兼收并蓄的结果，这是因为中国传统文化不仅吸收包含了突厥人、藏族、回族、满族、维吾尔族等游牧民族、少数民族和其他区域在内的多种优秀文明成果，近代还吸收借鉴了西方文明，并形成了自己特有的文化。中国传统文化有以汉字汉语、中华武术、传统节日、传统文学、传统建筑等为载体的丰富内容；同时还有佛教的清心寡欲、儒学的中庸致和、道家的无为而无不为的人生哲学……丰富的内容、多样的形式、高深的哲学思想，融进社会生活的各个方面。因此，中国传统文化这种强大的包容性，使得优秀传统文化冲破历史的障碍被累积下来而非互相取代。

简而言之，中国传统文化在历史长河中所表现的自我革新性、独特民族性、兼收包容性等特征是五千年文明光辉灿烂的重要原因，但是传统文化的传承特点绝不仅限于这三个，其世俗性、开放性、多样性、悠久性等都是中国传统文化传承中的特点，这些特点融进上面三个特点之中而构成中国传统文化最重要的特质。

三、新时代中国传统文化的传承价值

（一）有利于社会主义经济健康发展

随着世界各国联系的越来越紧密，西方加快了以经济实力为基础的"强势文化"的输出，其形式不局限于文化方面，更多的借助于经济、政治来发力：肯德基、麦当劳、好莱坞、NBA等带有美国文化元素的事物席卷中国大地。对于这些外来文化，我们要抱有强大的包容性，但又不得不时刻警惕着它带来的强大冲击，无论文化价值观方面还是经济、政治方面的。文化与政治、经济相互交融，同时文化对经济又具有强大的反作用。研究中国近代思想史的主要代表约瑟夫·列文森教授认为"中国的儒学被认为是历史博物馆中的优美陈列品"；儒学学者郑家栋则认为儒家传统是在图书馆里或文人学者的书架上。但是两位著名学者在某种程度上似乎肯定了儒学与今天的断裂。因此，我们要传承并复兴优秀的传统文化，发挥其新时代的经济价值。中国传统文化作为几千年来中华文明的结晶，其在新时代有大量可挖掘的资源：如中国的武术吸引众多海外弟子慕名而来；中医药传到在海外治病救人的例子比比皆是。但是，我国虽拥有着丰富的文化资源，但对于文化产业的开发利用却大为缩水，因此，我们应充分挖掘中国传统文化的经济价值，提高其在文化产业上的利用质量和效率。此外，中国传统文化的经济价值不能仅停留在转化为文化产业上，还要体现在对于经济领域行业的规范上。

优秀的中国传统文化有利于促进社会主义经济的发展：例如儒家文化中的"仁"与"和"，"仁"就其基本含义而论就是爱人，即爱他、利他、成就他人的精神，而"和"的思想几乎存在于人、自然、社会等多个关系链中，其"团结一致、和睦相处"内涵在当代经济发展中要求人们在追求自己利益的同时要关切他人利益，进而照顾到社会影响，它让人们自觉意识到只有整个国家经济发展了，只有将市场共同做大做强，自己才能分得更大的"蛋糕"，有一个更为广阔的市场前景。"仁"与"和"对西方世界中所强调的个人本位所带来的社会纷争无疑是具有调和矛盾的功效。以及近年来，诚信问题受到人们的广泛关注："毒奶粉""假粉条""阴阳合同"和广告的虚假宣传，这些失信企业一次次触动着人们的神经。儒家的"仁"与"和"无疑会给予这些企业正确的道德鞭策，使得整个行业健康成长。

（二）有利于社会主义和谐社会建设

优秀的传统文化是社会主义文化的根基，其核心是儒家、道家与佛家思想。建设社会主义，建设和谐社会，离开这优秀的部分，就缺少了根基，先进文化就成了无源之水、无本之木。随着改革开放的大潮，西化式教育方式下的国人痴迷于过西方的洋节日，比如：圣诞节、平安夜等，一些人提到民族传统就说太土！认为不爱洋节就是落伍！这是事实真相也是我们对传统节日的宣传不够。我们要形成以中国传统文化为主体的氛围，把各少数民族团结在优秀的汉文化周围，使汉文化成为具有向心力的主体文化精神，这才是真正的兼收并蓄、海纳百川。

社会主义核心价值观提倡的价值追求要去中国传统文化中找答案：几千年来中国传统文化形成了以儒家的"仁义、礼智、信温、良恭、俭让"为核心的道德准绳，对于当代和谐社会的价值体系构建具有重大意义。钱逊先生认为，"传统文化中的仁爱精神；威武不屈的独立人格精神；忧国忧民、竭诚尽忠的爱国精神；'慎独'的高度自觉的道德精神以及敬老爱幼等，都是'传统美德'"。作为传统文化中的精髓部分，中国传统文化传递的精神价值是人类文化价值的精华，备受世人瞩目。众所周知，"善行"是中国文化的主导思想，对于崇高的思想品质的追求，陶冶高尚的情操，是大多数中国人所热衷的，这一道德传统亘古未绝。这些优秀的传统道德无疑有利于社会主义和谐社会的构建。溯流至中国神话体系就已有催人向上、顽强不屈的传奇人物如精卫、夸父及愚公等，此后又有如"厚德载物""天行健，君子以自强不息""民吾同胞，物吾与也""先天下之忧而忧，后天下之乐而乐"等著名的观念，这既是民族活力的体现，也是民族自豪感的源泉，使得中国历史上出现了一代代英雄人物，这些宝贵的精神财富我们仍要继续发扬，使其展现出更强大的时代活力。这些高尚的道德无论在引导人们树立爱国主义还是在自觉提升自身的道德素养方面都具有良好的教化作用。此外，历来主张以"和"为贵的中国传统文化，对于"睦邻友好"等方面提供了参考，对于和谐社会的建设提供了规范。为此，我们的党和政府高度重视对中国传统文化尤其是优秀的传统文化的传承，显然是十分有远见的睿智之举。

（三）有利于新型大国外交的构建

中国传统文化中的"以和为贵"思想是我们处理民族问题和对外交往的一贯主张。中国传统文化历来奉行"大一统"的思想，而中国传统文化也是维系两岸同胞亲如一家的纽带。同时，中国传统文化中的一些论述为中国实际问题的深入研究提供了新的方向。五四运动以来，中国共产党把马克思列宁主义思想与中国文化、中国的革命实践相结合，形成了毛泽东思想。肖静提出在土地革命战争时期，毛泽东思想政治教育主要来源于马克思主义思想政治教育理论和传统的中国德育思想。周恩来总理在日内瓦会议中提出的和平共处五项原则被作为国际处理国家间关系的准则而得到广泛认同，其"求同存异"的思想就是来源于儒家的"君子和而不同，小人同而不和"的和而不同思想。邓小平理论关于建设中国特色社会主义的实践及其一套方针政策使中国的经济、政治、文化有了突飞猛进的发展，改革开放震惊了全世界。习近平总书记提倡的"人类命运共同体"思想和"一带一路"发展战略，体现了中国秉承和平共赢的外交政策，与世界各国人民共享发展成果。这既符合传统文化的义利观，更符合共产党人为人类幸福而奋斗的伟大使命。

亨廷顿在讲"文明的冲突"中提到儒家文化是世界三大文化之一。他还在书中指出"中国的崛起将在21世纪初给世界的稳定造成巨大的压力；中国将成为东亚和东南亚支配力量会与美国产生日益严重的摩擦"。这里根据亨廷顿的观点，我们可以清楚地看出西方国家对于中国崛起的危机感，"中国威胁论"的提法也更符合西方国家的利益。

第四章　中国传统文化的创新

第一节　中国传统文化的创新传播途径研究

一、中国传统文化的传播困境

改革开放以来，中国人民的物质生活和精神世界都发生了巨大的变化。这种变化给人民带来了巨大的收益。但是这种变化也携带着负面的影响，它使得中国传统文化的传播陷入巨大的困境。

西方国家利用先行发展带来的丰厚经济实力，进行文化产品创作与输出，推行本民族的英雄主义，使得中国青年一代沉浸在这种西方民族精神之中，漠视中国优秀传统文化。

为了保护中国传统文化，很多被作为文物束之高阁，放入博物馆，这种传统的媒介使得中国传统文化的传播失去了的活力。

处于后现代主义时期的中国青年是在这样的环境下成长起来的一代，新媒体的力量渗透在他们生活学习的各个角落。中国传统文化对他们而言是深刻而古老的，怎样进行中国传统文化的创新传播成为一个亟待解决的问题。

二、明确传统文化传播实质，正视时代特征

中国的传统文化博大精深，积聚着丰富的历史宝藏，但如此庞大的内容对于传统文化自身的传播则是一个弊端。因此，必须明确传统文化的传播实质，在深入了解传统文化内涵的基础上，对传统文化进行正确的解读。

为了保护传统文化，需要重新培育其生存的土壤，创设新的环境以适应社会转型期的

特点，使得传统文化能够重焕新生。新媒体具有传播快、成本低、多元化等诸多特点，符合当下的时代特征和受众心理，因此新媒体作为传统文化传播的新生土壤显得格外重要。

三、借助新媒体，打造传统文化创新传播平台

"故宫淘宝"：文化产品的创新与文化传播。故宫博物院是在明朝、清朝两代皇宫及其收藏的基础上建立起来的中国综合性博物馆，之前完全依靠传统媒介进行文化传播，而"故宫淘宝"借助新媒体将拥有近百年文化底蕴的故宫博物院打造成了新时代的"网红"。

故宫淘宝是故宫博物院于2010年在淘宝网注册的故宫官方淘宝店。该账号的作用一方面是对故宫文创产品的宣传，另一方面也是对故宫承载的深厚历史文化的传播。

故宫淘宝利用文字、图片、视频、声音、链接等多种方式进行传播，其传播内容也涵盖甚广，包括：产品介绍、买家互动等。下文将以产品介绍和买家互动两个板块为主进行具体分析。

产品介绍包括直接介绍和间接介绍两种，直接介绍以直观展现产品为主，多以图片拍摄的方式呈现；间接介绍则加入了文化传播，通常以微博文章的形式讲述一个历史故事，烘托产品，引人入胜。

买家互动包括故宫淘宝账号转发买家对商品的拍摄或评价、转发买家创作、互动研发商品、评论区互动等。买家收到商品后拍摄实物或语言评论，通过不同角度对商品进行呈现，一方面展现产品的多重属性；另一方面买家自身成为传播者，能够拓宽传播的广度，加强传播的深度。

将文物字画等图案印制在纸胶带之上，让原本廉价的物品被赋予了浓重的传统文化特色，故宫淘宝最畅销的产品——故宫系列纸胶带，引发了买家巨大的创作热情。他们将自己的化妆品、香水、妆匣等用纸胶带装饰起来，摇身一变成为定制款，瞬间变得古色古香，充满了中国风韵，使中国元素能够常伴身边。

文博探索类节目：带你走进文物的前世今生。近几年，文博探索类节目不断涌现，这类节目主要以文物介绍为重心，其定位受众为当今的年轻一代，他们自小接触新媒体，在互联网的环境中成长起来。因此在节目的表现形式上更加新颖，融入了更多年轻化的元素与流行语言，符合受众传播心理。下文将以《如果国宝会说话》为例研究其传播方式。

《如果国宝会说话》契合了当下年轻人的需求，宣传海报文案运用了如"太阳神鸟金箔：这款美瞳我要了""三星堆青铜人像：说我像奥特曼的你别走"这类符合年轻人表达方式的语言，其在微博上得到了网友的大力推广，在播出之前得到了较高的关注度。《如果国宝会说话》纪录片片头"你有一条来自国宝的留言，请注意查收"。便奠定了整体的基调——雅俗共赏，寓教于乐。第一集播出之后，受众了解了人头壶的文化影响、相关历史、制作工艺等知识，这件国宝被网友做成了表情包"笑得像个6000岁的孩子"。该表情包在传播的同时提高了节目的影响力，扩大了节目的受众范围，实现了很好的传播效果。

综上所述，传统文化的传播必须符合时代特征，贴近受众心理。传播形式上注意灵活多变，寻求合理搭配；传播内容上重视文化内涵，在保障文化传播的基础上，加入娱乐化内容，结合新媒体即时性、互动性、去中心化等特点，增加传播的娱乐性，使受众在莞尔一笑的同时主动传播优质内容。在传播技巧上，注重交互性，增加受众对产品的黏合度，使产品的传播定位更加准确。

第二节 浅析习近平对中国传统文化的创新性发展

习近平高度重视对中国传统文化的继承发展，"中国梦"、"人类命运共同体"的呼吁使得中国传统文化重新恢复生机，在全世界展示中国自信。对于习近平对中国传统文化的创新性发展研究需要我们从新的角度出发，合理认识创新发展的特点，掌握创新方法，促进未来中国传统文化的辉煌。

"创造性转化、创新性发展"作为习近平多次讲话中反复强调的重点，也可看作是我们党对待传统文化一以贯之的态度。自十八大以来，习近平就中国传统文化的继承发展做出了许多努力，中国传统文化也因此得以走近群众日常甚至于走出国门被全世界认可。通过明确习近平创新发展中国传统文化的方法，分析其特征，才能在未来以新的形式继续创新展现中国传统文化的价值。

一、习近平对中国传统文化进行创新性发展的方法

第一，以马克思主义为指导。推进马克思主义中国化与继承发展中国传统文化密不可分，这是中国共产党的经验总结。要使马克思主义在全社会确立指导地位，必然要从中国传统文化中汲取营养。习近平面向新时代提出了我国文化发展要坚持马克思主义指导的总思路，即指明了我国创新发展中国传统文化所具有的独特优势，又进一步明确了创新发展中国传统文化的具体要求。

第二，以实践为依托继承创新。习近平对中国传统文化的创新性发展是面向中国当代现实情况所作出的决定，充分考虑了人民需求变化，通过让文物活起来、让文化遗产活起来等等一系列的具体措施让人们细致了解中华文化的魅力。依托具体的改革实践，依靠人民群众的力量，具体的使创新观念扎根群众之中。

第三，尊重传统科学继承。习近平总书记秉持了中国共产党一脉相承的对待传统文化

的批判创新的态度，在充分尊重中国传统文化的前提下运用辩证的思维方式对中国传统文化加以继承发展。从他对于文化的重视程度以及对中国传统文化的提及程度，可以明显看出习近平对中国传统文化的尊重。如同他所言，抛弃传统、丢掉根本，就等于割断了自己的精神命脉。对于这份珍贵的、来之不易的历史遗产，习近平同历届领导人一样给予了科学的尊重和谨慎的继承。

第四，在对外交流中实现创新发展。在全球化的大潮中，习近平应势而变，将"一带一路"、"人类命运共同体"带到国际舞台上，这样鲜明的中国特色使得中国传统文化走入国际视野中，在对外交流不可避免的情况下，文化既要保持自身的民族特色，又要拥有面向世界的独特魅力，习近平通过这些新表述率先做了典范。在继承发展中国传统文化的过程中融汇世界文化精华并不是一个两难问题，恰恰相反，这正是继承发展中国传统文化的题中之意。

二、习近平对中国传统文化进行创新性发展的特点

其一，时代性。中国共产党自诞生以来就面临着对中国传统文化的继承与发展，在继承和发展这个问题上，习近平与我党历届领导人坚持着同样的观点，体现了中国共产党对中华民族几千年文化传承的使命感。中国传统文化作为中华文化的重要源头，因其特殊的时代传承性能够做到因时而变，在今天依然散发着独特的时代魅力。习近平正是从时代条件出发看待中国传统文化的传承，才提出了一系列创新观点并取得了实效性成果。

其二，继承性。习近平所提出的一系列创新理论以及党的相关指导思想与中国传统文化中的精神内核始终是相一致的。党的理论创新从中国传统文化中找寻答案，又开启了中国传统文化创新发展的新路子。习近平针对中国传统文化继承发展的一系列重要讲话精神也同中国传统文化自身发展的规律相一致。

其三，民族性。习近平在强调中国传统文化的当代价值的同时多次强调中国传统文化是我国的独特优势。习近平在讲话中指出"只有坚持从历史走向未来，从延续民族文化血脉中开拓前进，我们才能做好今天的事业。"相比较于强调中国传统文化的时代性，在越来越开放的国际交流中，习近平愈发强调要"坚守中华文化立场"，要坚持文化的民族主体性，并且通过在国际宣传"人类命运共同体"进一步将中华民族文化推向世界。

三、对中国传统文化的创造性转化与创新性发展的趋势

不忘历史才能开辟未来，善于继承才能善于创新。未来党对中国传统文化的创新发展首先需要对传统文化在内容及实践上加以创新，使得马克思主义能够更好地适应并引领中国文化发展，具体来讲，就是要结合群众的传统情怀和时代接受的实际，从对现实社会现状的真实解释出发，真正做到用传统精神为人民"立言"，切实引起人们情感上的共鸣共通，增强中国文化的感召力。在坚持正确对待中国传统文化原则的基础上主动引导人们理

解"新概念"。积极用创新了的、融入改革实践中的中国传统文化精神激励群众。其次，伴随着改革开放的深入，中国传统文化的创新发展必然受到世界文化的影响，因此在与时俱进的创新发展中要坚持中国本色就显得迫切而艰难。具体而言，一方面要紧跟潮流对其他文明优秀成果加以吸收，一方面要引领潮流为世界提供对待历史传统的另一种思路。

第三节 论道家文化与中国传统文化的创新发展

道家文化是中国传统文化的重要组成部分。本节以全新的视角对道家文化的特质予以全新诠释，认为道家文化有崇尚自然、重视个体、贵柔尚弱、擅长理论思辨、富于反省批判精神等五个方面特质，揭示了道家文化对中国人的社会心理积淀以及对中华民族的人格心理结构产生的深远影响和永恒价值。基于此，本节探讨了道家文化与中国传统文化创新发展的关系，认为道家文化对拓展中国文化的宽度和高度，助推中华文化的创新发展，具有不可忽视的独特意义。

中国传统文化是我们民族的"根"和"魂"。中华优秀传统文化是我们国家和民族的正气之源、力量之本。党的十八大以来，党中央高度重视弘扬中华优秀传统文化，以此充分发挥文化浸润心灵的作用，广泛传播健康向上的社会价值观，激发社会正能量，凝聚社会共识，并赋予传统文化以新的时代内涵，为实现伟大复兴的"中国梦"发挥"软实力"作用。

中国传统文化博大精深，其超强的包容性与生命力，是我们取之不尽用之不竭的思想文化源泉。儒家的积极有为、礼乐优雅，为我们展现了一种大气刚健的文化精神风貌和谨严理性的社会人伦秩序；道家的应天道、法自然，在弥补了儒家忽视自然等不足的同时，也丰富了中国人的智慧和精神世界。

回应社会关切，是理论学术界责无旁贷的职责。本节试图对道家文化的特质予以全新诠释，并基于此探讨道家文化与中国传统文化创新发展的关系。

一、道家文化的特质

道家文化是中国传统文化的重要组成部分，它以崇尚自然、重视个体、贵柔尚弱、擅长理论思辨、富于反省批判精神等特质，与儒家相反相补、相辅相成、相互激荡，共同构成了中国传统文化发展的一条主线，也给中国文化带来了创新活力，并以其开阔的思维、宽广的意境，丰富了中国人的生命智慧及精神世界，把人们的目光和境界引向高远。

相对于儒家，本节认为，道家文化主要有如下特质：

（一）崇尚自然、无为而治

与儒家崇尚人文、只关注人生社会问题、注重伦理道德践履不同，道家崇尚自然，它突破儒家的局限，把目光和思考范围从人生社会扩展到整个宇宙。它把"道"作为宇宙万物的根源和最高准则（"天地之始""万物之母""万物之宗"），并提出"人法地，地法天，天法道，道法自然"（《老子》二十五章），从而建立起一套以"道"贯通天、地、人的哲学系统。在这个系统里，人、人生社会只是浩瀚宇宙的一部分，而且与宇宙万物一样，都以自然作为最高准则。所以，在浩瀚宇宙面前，人类对待自然万物要有一种谦卑和尊重的姿态，不能为所欲为、强妄作为。

自然与人为是相对应的。提倡人文理性和积极有为的儒家无疑把握了人为的这一端，而道家则把握了自然的另一端。道家敏锐地觉察到自然的无限性、不可把握性和人类理性、人的作为的有限性："道大，天大，地大，王大。域中有四大，王居其一矣。"（《老子》二十五章）作为人主的君王尽管很强大，但也只是无限自然世界的一分子而已，而且与天地万物一样，必须遵循客观自然规律，以自然无为的"道"为普遍原则："天地不仁，以万物为刍狗。"（《老子》五章）"道常无为而无不为。"（《老子》三十七章）天下万物都是一种自然的存在，没有外在的仁爱恩施也都能循着各自规律运行发展。花开花谢、潮起潮落、鹰飞鱼跃，这一切都不是人类理性和文化"有为"的结果，都是自然呈现的，但尽管没有人为干预，却处处充满生机，"无为而无不为"。自然状态本身就具有自满自足、自我发展的特性，都各有其"道"。所以正如西谚所说"人类一思考，上帝就发笑"一样，自然是无限的、不可把握的，人类理性、人的作为则是有限的。

因此，人类要懂得顺应自然、遵循自然规律，这才是抓住了根本。在道家看来，儒家人为地倡导仁义道德，是舍本逐末，因为一切人为的仁义道德，都是在朴素的人性自然状态遭到了破坏丧失之后，才得以表现的："大道废，有仁义；六亲不和，有孝慈；国家昏乱，有忠臣。"（《老子》十八章）当家庭、社会、国家处在一种自然淳朴和谐的情况下，有什么机会能彰显仁义、孝慈、忠诚呢，只有当家庭、社会、国家混乱不堪、朴素自然状态遭破坏了，才有机会彰显、有必要提倡仁义、孝慈、忠诚。

所以，对国家社会的治理，最重要、最根本的是要守住人们朴素恬淡的自然本性，维持自然淳朴的社会风尚，而不是人为地倡导圣智仁义、追逐人工巧利："绝圣弃智，民利百倍；绝仁弃义，民复孝慈；绝巧弃利，盗贼无有。此三者，以为文不足，故令有所属，见素抱朴，少私寡欲。"（《老子》十九章）圣智、仁义、巧利这三者，都是人为的，不足以治理天下，必须绝弃；只有保持质朴、减少私欲，才能使人有所归属，恢复朴素宁静的自然天性，国家社会也由此得以治理："不欲以静，天下将自正。"（《老子》三十七章）

道家认为，顺任自然才是最高的道德："道之尊，德之贵，夫莫之命而常自然。"（《老子》五十一章）顺任民情，"无为"而治，才是抓住了国家社会治理的根本，才是最尊贵的道德。特别是对一个大国来说，更应该实行无为而治，因为"治大国，若烹小鲜"（《老子》六十章）。人为强作会导致国家的混乱，就像搅煮烂了的小鱼一样不可收拾。"复众人之所过，以辅万物之自然而不敢为。"（《老子》六十四章）真正明智的统治者所能做所要做的只是补救民众未能做好的错失，起辅助作用而已，而不敢强作妄为。"我无为而民自化，我好静而民自正，我无事而民自富，我无欲而民自朴。"（《老子》五十七章）只要统治者能做到不乱作为，安静不扰民，不给人民增加负担，不追逐过多的现实欲望，那么，人民自然就得到了教化，生活就自然富裕，醇正质朴的社会风尚就自然形成，国家社会就自然得到治理。

自然无为是道家贯穿一切的核心主张。在这里，我们感受到的是人与自然的和谐相处，而不是"人定胜天"所带来对自然界的肆意侵占与破坏；感受到的是社会环境的宽松自在、社会风尚的淳朴宁静，而不是种种礼教桎梏的压抑沉闷、人欲横流的争逐喧嚣。当一个社会的统治者违背自然、罔顾民情，刻意追求有为而强妄作为、恣意妄为，从而给自然界、给民众带来痛苦和灾难时，我们不能不体悟到道家这种"自然无为"智慧之高妙与睿智。

（二）重视个体、率性自由

与儒家重视人的群体性、强调社会依存性相反，道家重视人的个体性，强调自然自主性和率性自由。它认为，"天下有常然"（《庄子·骈拇》），"万物将自化"（《老子》三十七章），天下事物都有它本来独立存在的个体性和内在规律，都能够不假外力自由自主地发展。所以，每个人生来都是一个独立自主的个体，都具有自然生长自由发展的天性，这种自主自由的天性应该受到尊重和保护，而不应该受到伤害和破坏。

人之所以为人在于它的社会性和群体性。每个人从降临到这个世界的那天起，就必须依存于家庭、依存于社会群体，所以必须被社会化。而社会是依靠一定秩序、一定规则建立和维系的，因此人必须逐渐学会懂秩序、守规则、培养相关理性，为此就必须舍弃自己与生俱来的一些自然禀赋、自然习性，以理性规范感性，也就是被"文"化，从而融入社会。人的成长过程就是不断被文化、被社会化的过程，而社会群体也就由此得以维系和发展。尚文化、重秩序、倡理性、强调社会群体性高于个体性，这就是儒家所致力的方向，它的"仁、义、礼、智、信"都源于此而展开。

但人也是自然的产物，有自然性的一面。每个人都有其天生的自然禀赋和自然情性，正是这种各自不同的自然禀赋和自然情性的存在，才构成了社会群体的复杂多元和多姿多彩，而个人也由此得以自由健康的发展。因此，人的这种自然天性不应该因强调社会群体性而被忽视甚至泯灭。正是从这一点出发，道家强调和维护了人的自然性和个体性一面。

道家认为，天下万物的本性都是自然无为的："夫虚静恬淡寂漠无为者，万物之性也。"（《庄子·天道》）只有尊重这种自然无为的本性才是真正的道德："夫恬淡寂漠虚无无为，此天地之本而道德之质也。"（《庄子·刻意》））而人为地残害万物自然本性，"残生伤性"，"残生损性"（《庄子·骈拇》），则是不道德的。就像"伯乐治马"一样，为了使马变得有用，就戕害了马的自然真性，结果把好端端的马给折磨死："马，蹄可以践霜雪，毛可以御风寒，龁草饮水，翘足而陆，此马之真性也。及至伯乐，曰：我善治马。烧之，剔之，刻之，雒之，连之以羁絷，编之以皂栈，马之死者十二三矣；饥之，渴之，驰之，骤之，整之，齐之，前有橛饰之患，而后有鞭策之威，而马之死者已过半矣。"（《庄子·马蹄》）同样，对于民众来说："彼民有常性，织而衣，耕而食，是谓同德；一而不党，命曰天放。"远古时代的民众原本自由自在、自自然然地生活着，但号称"圣人"的后世统治者却非要对民众施行仁义教化，结果破坏了民众自由自然的"天放"本性，这就把真正的道德给毁了："毁道德以为仁义，圣人之过也。"（《庄子·马蹄》）

反对任何外在的文饰和人为干预，强调和尊重人的自然性和独立性，这充分体现了道家的自然主义和个体主义，从而与儒家强调人文和社会群体性的人文主义和集体主义截然相反。

道家崇尚的是能够率性自由、自然自主的生活。在这样的社会情态下，每个人都不需要用各种文化礼仪装饰、限制、束缚自己，都能够依照自己自然朴素的天性，自由自在、随心所欲、无拘无束的生活着，拥有踏实宁静的安全感和家园感。它反对儒家人为的道德理性限制、破坏了人的自然自由天性，特别是把个人置于社会群体的绝对服从之下，用森严礼教的宗法社会利益取代个人人生的自由幸福。"生命诚可贵，爱情价更高，若为自由故，两者皆可抛。""无自由，毋宁死。"当封建宗法社会把"饿死事小，失节事大""存天理，灭人欲"做出极端的解读，从而把仁义道德作为冷漠而不可侵犯的最高"天理"而"以理杀人"时，我们不得不说，道家这种对立于儒家的率性本真生活姿态和社会愿景，体现的恰恰是对生命个体的真正呵护，对民间疾苦的敏锐感受和深切同情。

（三）贵柔尚弱、为而不争

与崇尚刚毅坚强、积极进取的儒家相反，道家贵柔尚弱，倡导为而不争。在道家看来，"柔弱胜刚强"（《老子》三十六章），柔弱是一种胜之于刚强的品质和状态，"天下莫柔弱于水，而攻坚强者莫之能胜，以其无以易之。弱之胜强，柔之胜刚，天下莫不知。"（《老子》七十八章）天下最柔弱的莫过于水了，但滴水能穿石，抽刀断水水更流，刚硬无比的石和钢刀都无法胜克柔弱无比的水，可见柔弱能胜刚强，"至柔"可克"至坚"："天下之至柔，驰骋天下之至坚。"（《老子》四十三章）所以守住了柔就是强："守柔曰强。"（《老子》五十二章）

道家敏锐地观察到，"人之生也柔弱，其死也坚强。草木之生也柔脆，其死也枯槁。故坚强者死之徒，柔弱者生之徒。强大处下，柔弱处上。"（《老子》七十六章）人活着的时候身体是柔软的，但死了之后身体则是僵硬的；生长着的草木是柔软随风摇摆的，但枯死了的草木则变得脆硬易折了。可见，坚强的东西往往与死相连，柔弱的东西则与生相连。所以，从这个角度看，柔弱也胜于坚强。

与柔弱同样属于反面性质的还有"下""后""雌""虚""静"等。"江海之所以能为百谷王者，以其善下之，故能为百谷王。"（《老子》六十六章）江海之所以能汇纳百川，是因为它"善下"处于低位。所以，道家把握事物的根本方式和重要法宝就是善处下位、居后不为先、知雄守雌、致虚守静："我有三宝；一曰慈，二曰俭，三曰不敢为天下先。"（《老子》六十七章）"知其雄，守其雌。"（《老子》二十八章）"致虚极，守静笃。"（《老子》十六章）等等。在道家看来，事物的反面最能深刻地体现运动变化着的道，因此最能反映出事物的本质和根源，而柔弱则最能体现出道自然无为的作用："反者道之动，弱者道之用。"（《老子》四十章）所以，与儒家相反，道家总是从反面性质把握事物。

由于善处弱势，自然崇尚不争。在道家看来，"圣人之道，为而不争。"（《老子》八十一章）身居高位和品德高尚的圣人，他的行事应是施为而不争夺，就像水一样："上善若水。水善利万物而不争，夫唯不争，故无尤。"（《老子》八章）最好的品德和行事就像柔弱的水一样，善于滋润万物而不和万物相争，因为不相争，所以平静坦然、无怨无尤。"以其不争，故天下莫能与之争。"（《老子》六十六章）也因为他不相争，所以天下的人都没人能与他争，而乐于拥戴他。

假如说，儒家阳刚进取、尚强争先等正面品质，在推动社会进步、带给社会正能量的同时，又不可避免地带来残酷地争夺倾轧、给人以紧张感和压迫感等负面因素的话，那么，道家贵柔尚弱、居下不争等反面品质，则给我们带来谦卑、温润和舒适感。就像水润泽万物、和风细雨滋润大地一样，它消解和舒缓了儒家的这些负面因素，并给人们带来另一种思维方式、另一种人生智慧和生活姿态，从而使社会形成刚柔相济、全面健全的人格心理结构，更加稳健地向前发展。

（四）理论思辨、豁达高远

与"道德哲学"的儒家不同，道家是"思辨哲学"，以擅长理论思辨著称。老子《道德经》一开头便体现出这种思辨特色："道可道，非常道；名可名，非常名。无名，天地之始；有名，万物之母。玄之又玄，众妙之门。"（《老子》一章）

作为真正意义上的中国哲学的开创者，道家率先系统地提出了以"道"为核心的宇宙本源—本体论和一整套哲学概念、范畴，并以理论思辨的形式，相当完整地构建了一个由宇宙自然到社会人生、从"天道"到"人道"的哲学理论体系。而借着建立了这套哲学理论体系，道家得以棋高一着地拥有了比儒家更为充分的理论依据，更为系统完善而有力地阐明了自家"自然无为"的核心主张并足以与儒家对立抗衡。

儒家"罕言天道"，只言"人道"，"六合之外，圣人存而不论"（《庄子·齐物论》），因此先秦儒家在宇宙生成论、本体论、认识论等哲学理论思辨方面付之阙如。而道家则一创立便喜言天道，并以"道"贯通天、地、人："有物混成，先天地生，寂兮寥兮，独立不改，周行而不殆，可以为天下母。吾不知其名，字之曰道，强为之名曰大。人法地，地法天，天法道，道法自然。"（《老子》二十五章）"道生一，一生二，二生三，三生万物。万物负阴而抱阳，冲气以为和。"（《老子》四十二章）"天下万物生于有，有生于无。"（《老子》四十章）道作为天地万物的本源和本体，它派生万物，却自然无为、客观独立地主宰着天下万物包括人类社会的一切。

可以说，当道家把统摄宇宙一切的"道"作为自己的核心概念时，便已充分显示了道家的高明和深邃睿智："道"既然高于一切主宰一切，则道家的"道"必然高于儒家的核心概念"仁"主宰着"仁"，那么由此创立的道家学派也必然高明于儒家及其他诸子百家。由此，道家不仅率先揭示了"道"作为宇宙的客观规律，还立于高处、傲视百家地创建了以"道"为核心的自身学派理论体系，从而把中国哲学的理论思辨水平提高到一个崭新高度。

在建立自身哲学体系的过程中，道家还提出了道、气、自然、朴素、有无、动静、虚实、祸福等一系列概念范畴，并给人们提供了对立面相反相成、既对立又统一的辩证思维方法："有无相生，难易相成，长短相较，高下相倾，音声相和，前后相随。"（《老子》二章）"大器晚成，大音希声，大象无形。"（《老子》四十二章）"大直若屈，大巧若拙，大辩若讷。"（《老子》四十五章）"祸兮福之所倚，福兮祸之所伏。"（《老子》五十八章）有无相生、大智若愚、祸福相依诸如此类辩证认识事物、思考问题的哲理智慧，正是道家贡献给世人的，也是儒家在这方面所未能做到的。

毫无疑问，当人们意识到人类只是宇宙自然的一部分，并把目光和思考范围从只关注人生社会转向关注整个宇宙自然时，人们的境界、胸次、思维等等一切都变得开阔、拓展而豁达高远了。由此，人们可以看到面对浩瀚宇宙时自己渺小的一面，而不再患得患失地执着于眼前一己之私的一切；可以放眼大千世界，而不再终身孜孜不倦地追求着人生社会的功名利禄，或探究宇宙奥秘，或怡情山水，或简朴自在、平凡安静地过着自己自得其乐的生活。这就是道家给我们提供的不同于儒家的另一种生命格调和生活方式。从这种生命格调和生活方式里，我们可以感受到人的"诗意地栖居"，感受到人生社会的自在舒展与丰富多元。"鱼相忘乎江湖，人相忘乎道术。""相濡以沫，不如相忘于江湖。"（《庄子·大宗师》）鱼因忘情地畅游江湖而悠悠哉哉，人因忘情地顺任自然而自由逍遥；与其在困境中相濡以沫，不如忘情地畅游江湖自由自在。而在这样宽松自如、豁达自在的氛围和境况下，人的创新力、创造力、创意等等也随之得以焕发和产生。

（五）反省批判、万物平等

可以说，从创立之始把思考范围扩大至关注整个宇宙自然、并把统摄宇宙一切的"道"作为核心概念建立自家学派体系时，道家便拥有了俯视诸子百家的先天高度，具备了评点其他百家的特质。所以，道家的反省批判精神可谓与生俱来。

道家的批判矛头主要针对儒家。它从"自然无为"出发，既批判儒家礼教文饰带来的虚伪和不自然，也批判了宗法文化对人性的戕害。"夫礼者，忠信之薄，而乱之首。"（《老子》三十八章）"礼乐遍行，则天下乱矣。"（《庄子·缮性》）"白玉不毁，孰为珪璋！

道德不废，安取仁义！性情不离，安用礼乐！……毁道德以为仁义，圣人之过也。"（《庄子·马蹄》）儒家的仁义道德是通过扼杀和毁灭了人的本真自然性情后得到的，它违反了人的自然本性，是社会混乱的罪魁祸首。

针对儒家倡导"仁义礼智"、关注社会文明和人类智慧积极向前发展的一面，道家则敏锐地洞察到社会文明和人类智慧消极阴暗的一面："有机械者必有机事，有机事者必有机心。机心存于胸中，则纯白不备，纯白不备则神生不定；神生不定者，道之所不载也。"（《庄子·天地》）"民之难治，以其智多。故以智治国，国之贼；不以智治国，国之福。"（《老子》六十五章）人类智慧在推进社会和文明发展的同时，也会"道高一尺魔高一丈"地带来心机狡诈、人性堕落、道德沦丧的一面。由此，要让社会有"道"，就必须"绝圣弃智"、"见素抱朴"、回归自然本真。"不以心损道，不以人助天。是之谓真人。……天与人不相胜也，是之谓真人。"（《庄子·大宗师》）没有"机心"等任何非天然因素污染过的"真人"，就是道家所崇尚的理想人格。

作为平民哲学，道家还从万物平等（"齐物"）出发，反对一切等级权威与专断独裁，尤其是长期成为官方哲学的儒家。"天地与我并生，而万物与我为一。"（《庄子·齐物论》）天地万物是平等的，世间万物只有相对的差异性，而没有凌驾于一切高高在上的权威存在，万物只有相对性没有绝对性。"鱼处水而生，人处水而死，彼必相与异，其好恶故异也。"（《庄子·至乐》）鱼要在水里才能生存，而人溺在水里则会死亡，所以，生活在水中相对于鱼来说是必需的，但对于人来说则不仅不是必需还是灾难，因此人和鱼的喜好感觉是不相同的。"毛嫱、丽姬，人之所美也，鱼见之深入，鸟见之高飞，麋鹿见之决骤。"（《庄子·齐物论》）毛嫱、西施是世人公认的美女，但鱼、鸟、麋鹿见了并不能欣赏而是逃之夭夭，所以人的美丑标准对于鱼、鸟、麋鹿等动物来说也是不被认同的。"自我观之，仁义之端，是非之途，樊然殽乱，吾恶能知其辩！"（《庄子·齐物论》）所以，按这个道理来看，儒家的仁义、是非标准除了引起纷争之外，怎么可能具有普适性和绝对权威性呢？它当然不应成为衡量社会行为唯一的、最高的道德标准。道家由此消解了儒家独尊至上的权威性。

对于儒家提倡积极进取、自强不息，道家则深刻反思了人生的意义和价值，并发出振聋发聩的叩问："一受其成形，不忘以待尽。与物相刃相靡，其行进如驰，而莫之能止，不亦悲乎！终身役役而不见其成功，苶然疲役而不知其所归，可不哀邪！人谓之不死，奚益！"（《庄子·齐物论》）人自从来到这个世上便忙忙碌碌奔波不停，驰骋追逐于其中而不能止步，这不是很可悲吗？终身劳劳碌碌而不见得有什么成就，疲惫困苦不知道究竟为了什么，这不是很可哀吗？这样的人生虽然不死，但又有什么意思呢？"吾生也有涯，而知也无涯。以有涯随无涯，殆已。……缘督以为经，可以保身，可以全生，可以养亲，可以尽年。"（《庄子·养生主》）人的一生是有限的，而知识的探究是无限的，以有限的生命追随无限的知识，注定是疲惫不堪不能穷尽的；认识到这个人生道理，人就应该顺其自然、珍重自然生命，而不应不顾一切强求有为和成功，这样既能奉养亲人，又能保全自己的生命和天性，享尽天年。

以对立反省批判方式制约、提醒、激荡儒家，这无疑是道家最显著、最根本的特质和价值。尽管这种解构主义特质在某种程度上会造成对儒家的淑世主义、人文主义及贵族精神、集体主义等正面性可贵品质的冲击破坏，而正是儒家的这些可贵品质使人拥有了挺立于世的尊严，并极大地推动了社会文明的发展进步，但在中国文化历史长河中，正是道家对儒家相反相补、相辅相成、相互制约、相互激荡，使这两大传统文化主干构成一柔一刚、一反一正、一破一立、一阴一阳、一隐一现、一静一动、一虚一实的良性互动关系，才避免了儒家独尊所带来的片面、专断、单一、僵化等弊端，从而使中国文化获得了更为全面多元的思想智慧、更健康的创新活力，绵绵不绝地不断丰富不断演进至今，其由此形成的社会心理积淀，对中华民族的人格心理结构产生了深远的影响。

中国传统文化、中国哲学是"关于人的生命的学问"（牟宗三《中国哲学的特质》），道家所贡献给我们的"生命的学问"、生命的智慧迥然不同于儒家。正因为有了道家，我们得以拥有了对立并互补于儒家的另一种生命智慧和生活方式：对于社会，我们除了有理性严谨、刚毅进取的儒者，也有率性自然、自由超脱的道者；对于个人，我们除了可做一个自强不息、积极进取、有责任担当、实现社会人生价值的儒者；也可做一个顺应天性、自由自在、有闲情逸致、超脱功名寄情山水的道者。由此，我们的社会既庄重紧张又自由活泼、既关注人文也关注自然，我们的人生既有社会担当又自在美好，我们的民族性格既有阳刚进取的一面、又有柔和娴静的一面，既有勇猛坚毅的一面、又有内敛温婉的一面，既有恭谨文雅的一面，又有潇洒飘逸的一面，等等。这，就是道家带给我们的宝贵生命智慧，留给我们的永恒文化价值。

二、道家文化与中国传统文化创新发展

恩格斯曾指出："一个民族要立于世界民族之林，就一刻也不能离开理论思维。"实现中华民族伟大复兴的中国梦，离不开理论思辨的引领指导，而建设文化强国，更离不开理论思辨的强力支撑。

在中华优秀传统文化中，道家文化历来以擅长理论思辨、追求抽象玄远而著称。正是由于这一特质，使道家文化不仅补充了儒家文化"实用理性"的不足，而且在中华本土文化接纳外来文化、丰富中国文化上起了关键中介性作用，两晋时期来自印度的佛学正是借助道家玄学进入中国，并逐步融入中华本土文化，尔后发展成为中国传统文化三大主干之一的。因此，在当下中国传统文化的创新发展中，我们只有既注重弘扬"实用理性"的儒家文化一方，也注重弘扬思辨玄远的道家文化一方，才能有效地避免传统文化的偏颇，使传统文化得以健康发展，并对当今社会及未来发挥积极作用。

弘扬道家文化，我们不是要弘扬它"不敢为天下先"的老成暮气，而是要弘扬它尊重

自然客观规律、擅长思辨玄远、重视个体自由、崇尚万物平等等不同于儒家的特质智慧。由此一方面弥补和舒缓儒家"实用理性"所带来的负面因素，也给拼搏进取的人们带来另一种思维方式、另一种人生智慧和另一种生活样式。与此同时，也使中华民族在走向复兴和建设文化强国的旅程中，形成刚柔相济、张弛有度、全面多元的健全文化和社会心理结构，更加稳健地向前发展。

当下的中国提倡和注重创新，而创新需要营造宽松自由的氛围，只有在宽松自由的氛围下，人们才可能心无旁骛的专注于创新，也只有在宽松自由的环境条件下，人们才能拥有玄远无限的思维空间，从而开始种种理论创新、科技创新以及文化创意创新。而在中国传统文化中，道家文化就是以崇尚自由自在为突出特质的。因此，合理的继承和弘扬道家文化，不仅对促进中国传统文化本身的创新发展、拓展中国文化的宽度和高度有重大意义，而且对当前的创新型国家建设、实现中华民族伟大复兴的中国梦，都具有不可忽视的独特价值。

第4节　中国传统文化的传承与创新

在当前时代背景下，国家鼓励大众创新，万众创业，且极力宣传我们要继承和弘扬中国传统文化。我们成立了"繁集"手绘工作室，致力于弘扬中国传统手绘文化，如木片画、陶瓷画、石头画等。本节将从研究背景、研究目标和方法、研究过程和具体内容以及研究意义和成果四个方面为大家介绍我们是如何对中国传统文化进行传承和创新的。

一、研究背景

2017年1月25日，中共中央办公厅、国务院办公厅印发了《关于实施中华优秀传统文化传承发展工程的意见》（以下简称《意见》），《意见》提出：到2025年，中华优秀传统文化传承发展体系基本形成，研究阐发、教育普及、保护传承、创新发展、传播交流等方面协同推进并取得重要成果，具有中国特色、中国风格、中国气派的文化产品更加丰富，文化自觉和文化自信显著增强，国家文化软实力的根基更为坚实，中华文化的国际影响力明显提升。加大中央和地方各级财政支持力度，同时统筹整合现有相关资金，支持中华优秀传统文化传承发展重点项目。而在继承我国传统文化的同时，也要加强对外文化交流合作，创新人文交流方式，丰富文化交流内容，不断提高文化交流水平。而李克强总理在2014年9月的夏季达沃斯论坛上发出"大众创业、万众创新"的号召，当时他提出，要在960万平方公里土地上掀起"大众创业""草根创业"的新浪潮，形成"万众创新""人人创新"的新势态。此后，他在首届世界互联网大会、国务院常务会议和各种场合中频频阐释这一关键词。每到一地考察，他几乎都要与当地年轻的"创客"会面。他希望激发民族的创业精神和创新基因。我们团队在这样的时代背景下成立了"繁集"手绘工作室，致力于弘扬我国传统手绘文化，包括手绘木片、陶瓷、石头等，并形成了一套零基础教学模式，让更多的人了解并继承了我国传统手绘文化。

二、研究目标和方法

本节研究内容的目标为将传统文化与潮流元素相结合、将手工艺品与非物质文化遗产相结合来传承中华民族传统文化传承非物质文化遗产的精华。我们的工作室分为线上交流平台和线下实体体验工作室。广大传统手绘爱好者可以在线上浏览本工作室作品，也可提出自己想法，和我工作室专业手绘导师进行交流，我工作室还通过网络平台，由专业画师进行直播教学，用当前最流行的方式让零基础的艺术爱好者也可以亲自用简单的方法画出好看的作品，体会传统手绘的魅力；除了利用互联网在线上进行教学和宣传，还可以到线下实体工作室亲手体验手绘木片、陶瓷的过程，我工作室可提供原材料、手绘工具、加工器具而且同样有专业的老师可以进行一对一、手把手的指导，行成一个零基础教学模式。

三、研究过程和具体内容

（一）手绘材料的选取

我们致力于弘扬传统文化，选取的材料为具有中国特色的木片、陶瓷、石头等。就木片而言，是一种再普通不过的材料，它不如钻石那般耀眼夺目，但是它却有自身独特的韵味，而从古至今，木头都是我们炎黄子孙偏爱的对象，无论多么庞大的建筑群体，都能用木结构建造出来，常年不被风霜雨雪摧毁并展示其独特的美感，而传统古建中一些金碧辉煌的壁画都是需要我们传承的，当时那些艺术家是真正具有"匠人精神"的一拨人，而随着时代的变迁，社会形态的发展，这些真正的匠人们在逐渐地消失，而他们的绝活和技艺也濒临灭绝，我们要做的就是努力地传承他们的精髓，以匠人之魂，锻造自己的内心，让丹青再次与木头结合，呈现出这种具有中国传统特色的艺术品。当然，在传承的基础上我们也要创新，形式是丹青与木头的结合，但手绘内容可以紧跟时代的发展，尤其是要符合时下年轻人的胃口，加入一些时下最流行的潮流元素，如动漫、体育、人文等，"青年兴则国家兴"，只有广大青年了解并对传统手绘产生兴趣，我们才能看到传承的希望。而我们所用的木料都是一些工厂生产后不在有利用价值的边角料，或者是造价低又环保的人造树脂，我们绝不以破坏环境为代价来弘扬传统文化，那样只会得不偿失，我们深刻体会到"金山银山不如绿水青山"这句话的深刻含义，所以我们从选料来说也是在响应习近平总书记建设美丽中国的号召。再来说陶瓷，陶瓷作为我们的国粹，一直都是我国传统文化的代表，而我们工作室也致力于让丹青和素陶相结合，让一些本身做工精美小巧的素陶罐披上一层新外衣，既传承了传统手绘陶瓷的技术，又符合如今大众审美的新体验和新要求。最后说石头，石头本身就是大自然鬼斧神工的产物，相比于木头和陶瓷，石头更能突出一种厚重的感觉，这也与我国五千年积淀的厚重文化相呼应，而石头本身的自然纹路就是一种艺术，再与手绘相结合，则能体现出人与自然在艺术层面的碰撞，可以给人一种新的视觉冲击，这是一种稳重与活泼的结合，更是传统和时尚的对接。总之，我们就选材方面，本着环保的原则，侧重中国传统，相信这些传统材料与手绘的结合会给人耳目一新的感觉。

（二）在互联网+的模式下进行宣传

我们的目的是继承和弘扬传统手绘文化，但绝不能用传统的方法，时代在一天天向前发展，用传统的方法只会停滞不前甚至退步，我们必须紧跟时代潮流，才能达到最佳的宣传效果，才能达到继承和弘扬的目的。2015年3月5日十二届全国人大三次会议上，李克强总理在政府工作报告中首次提出"互联网+"行动计划。互联网+"代表一种新的经济形态，即充分发挥互联网在生产要素配置中的优化和集成作用，将互联网的创新成果深度融合于经济社会各领域之中，提升实体经济的创新力和生产力，形成更广泛的以互联网为基础设施和实现工具的经济发展新形态。"互联网+"行动计划将重点促进以云计算、物联网、大数据为代表的新一代信息技术与现代制造业、生产性服务业等的融合创新，发展壮大新兴业态，打造新的产业增长点，为大众创业、万众创新提供环境，为产业智能化提供支撑，增强新的经济发展动力，促进国民经济提质增效升级。现在是互联网时代，每个人都离不开互联网，地球上任何时间、任何地点发生的事，都可以在很短的时间内传播到世界的各个角落。我们正是看到了互联网+模式今后的发展趋势，它是一种范围广、影响大的宣传手段，马化腾也说过："互联网+是互联网未来发展的七个路标之一。"所以将它运用到传承中国传统手绘文化的项目中，我们工作室通过艺师汇，艺术狗等APP平台，上传自己的作品，与更多热爱传统手绘的爱好者进行交流，我们还由一流画师针对全国范围内的对传统手绘有兴趣的广大爱好者进行直播教学，用当前最流行的方式让零基础的艺术爱好者也可以亲自用简单的方法画出好看的作品，体会传统手绘的魅力。

（三）零基础教学模式的形成

中国传统文化的传承仅靠有基础有能力的画师是很难继续下去的，只有让更多零基础的人对传统手绘产生兴趣并且亲自上手才能更有效地传承，毕竟亲力亲为的力量要比空喊口号要大得多，所以我工作室形成了自己的一套传统手绘零基础教学模式。以木片画制作为例，仅需要简单的4个步骤大约20分钟的时间就可以让一个零绘画基础的爱好者出一个作品。大概步骤如下：（1）木片和素材的选取。这看似是很简单的一步，但也需要一些技巧，我们可以根据木片的大小选一些合适插画类（以几何形为主，适合入门）素材。（2）底稿绘制。找到心仪的素材后，就可以开始绘制了，初学者可以从简单的几何形的碰撞和组合开始，不需要功底也能展现出好看的效果。（3）丙烯上色。这是相对来说最关键也是最难的一步，爱好者可以根据自己素材挑选相关颜色进行绘制，这期间，我们专业的老师会传授一些既简单又能出效果的技巧，例如：在两色相接处笔法的转换造成颜色融合、退晕的效果；在星空点缀中让颜料通过震动自然地铺在天空，类似这样的小技巧还有很多，都是很容易上手的。（5）修改点缀。最后一步是起画龙点睛作用的，可利用丙烯颜料的可覆盖性进行修改,也可利用勾边笔等工具进行边缘细化,作品完成后可喷保护漆防止褪色。经过这 4 个简单的步骤,一个简单又好看的作品就出来了,在这个过程中,绘画者会体会到自己作画的快感,满足自己内心深处对艺术的渴求,再多加练习,就可绘制更高难度的作品了。

四、研究意义和成果

中华文化源远流长、光辉灿烂。在五千多年文明发展中孕育的中华优秀传统文化,积淀着中华民族最深沉的精神追求,代表着中华民族独特的精神标识,是中华民族生生不息、发展壮大的丰厚滋养,是中国特色社会主义植根的文化沃土,是当代中国发展的突出优势,对延续和发展中华文明、促进人类文明进步,发挥着重要作用。而传统手绘更是善于从中华文化资源宝库中提炼题材、获取灵感、汲取养分,把中华优秀传统文化的有益思想、艺术价值与时代特点和要求相结合,运用丰富多样的形式进行当代表达,推出一大批底蕴深厚、涵育人心的优秀艺术作品。我们将传统手绘和传统的、具有中国特色的材料相结合,制作木片画,陶瓷画,石头画是一种极其有效的弘扬中华传统手绘文化的方式,这种方式既让人们接触到久违的传统绘画技艺,又满足了现今社会人们精神上对艺术的追求,既顺应了时代发展的趋势,又彰显中华文化的精神内涵和审美风范。而且我们现在已制作出大量成品,并与国内知名公司合作,在社会上已有不小的反响,已达到我们的初步目的。在这之后,我们希望传统手绘文化能融入人们的生活中,提炼精选一批凸显文化特色的经典性元素和标志性符号,让更多的人重视并参与到继承和弘扬中国传统手绘文化的行列中,同时增强国家认同、民族认同、文化认同,展示我们的文化自信,让世界从文化层面看到中国从站起来到富起来再到强起来的过程,让全世界人民看到我国传统手绘文化的优秀和精彩。

第五章 企业管理

第一节 企业管理模式创新

经济形势的不断变革，企业需要在管理上加强重视，对管理方法不断创新改革，推动企业的进步发展。对此，本节首先论述了当前企业管理模式存在的短板，然后对其创新方法展开探讨，提出了几点可行措施。

一、当前企业管理模式存在的短板分析

从目前实际来讲，部分企业的管理模式存在一些普遍性的问题，这也是创新管理中需要加强重视的关键。

（一）管理模式走向极端

现如今，在企业管理这方面存在很多不同的理念和方法，狼性管理、饥饿管理、柔性管理等等，都是现如今比较流行的管理模式。不少管理者对于这些不同的管理方法存在片面化的认识，在企业内部的管理中，单纯贯彻某一种管理方法，从而导致企业管理走向极端。单一化的管理模式，虽然有好的一面，但是也存在不好的一面，会给企业发展埋下隐患，不利于企业的健康长远发展。在新经济时期，就必须要重视这一问题。

（二）未能发挥员工作用

企业管理，在很长一段时间内被片面地认为是企业管理者的事情，也就是企业领导应该承担管理工作，和普通的基层员工没有关系。然而从经济视角来讲，员工和企业是一个整体，企业发展越好，员工才能获得更好地机会与利益。在企业管理中，员工也具有一定

的管理作用，如果没有将员工的管理作用发挥出来，那么就会导致企业管理过于局限，不能强化员工之间的协作，如此就降低了企业的凝聚力。

（三）管理执行没有落实

不论是什么企业，管理工作只有落实到位，才能取得效果，不论是处于人性化考量还是处于激励，确定好的制度不能随意更改，应该执行的管理工作也不能随意变动，不然朝令夕改只会降低员工对管理工作的重视，越来越不重视管理工作，进而导致企业内部出现混论和不安定因素，这给企业的未来发展会造成很大的影响。

二、创新企业管理的可行方法

针对目前企业管理存在的短板问题，管理人员要从根源上引起重视，然后对症下药改善管理模式，为企业的未来发展构建和谐的环境。

（一）融合多种模式实现优化管理

单一的管理模式不可避免会存在短板缺陷，因为没有一种管理方法是绝对完美的，都存在短板。所以，为了尽可能降低单一管理模式的局限性，那么就可以对几种不同的管理模式进行融合，首先企业管理的优化。具体来说，企业要结合自身的实际情况，从企业类型、人员构成等方面出发，选择几种的管理模式进行融合。将各种管理模式的优点发挥出来，通过融合将各自的缺点予以避免。这样一来，就可以在企业内部构建起多元化的管理体系，张弛有度、松紧结合，从而在企业内部营造良好的管理氛围，推动员工的发展与企业进步。

（二）引导员工参与发挥管理作用

在企业管理中，为了让管理效果达到更好地水平，不能让管理工作局限于管理层，需要让基层员工也切实有效的参与进来，发挥出管理作用，在企业内部形成一个由上而下的管理体系。具体而言，首先需要对当前的管理制度进行调整优化，将管理权限适当下放，给基层员工创造一定的自主管理空间。同时，要通过制度形式对这些管理权限进行说明，并且予以一定的约束，确保企业人员可以在权限范围内发挥出管理作用。其次，要广开言路给员工创造管理决策的渠道。目前一些企业在管理决策上处于故步自封的状态，由管理人员自行商议之后直接拍板，这导致一些新的管理制度或是方案无法得到基层人员的认可，从而引起人员流失的问题。因此，为了避免这种问题，就要在聆听基层员工的心声，可以通过微信、微博、电子邮箱等渠道，将自己对企业管理的看法和建议表达出来，甚至可以构建基层员工参与的企业决策模式，让基层员工具备一定的决策权利，使其能够在企业管理中切实发挥作用。

(三)要有效落实企业管理工作

在企业管理这个方面，对于相应的管理工作，也需要有效落实，在遵循人性化理念的基础上，要全面规范执行管理工作。具体来说，首先要严格按照规章制度办事，对于企业内部的事务，如绩效考核、岗位晋升等，必须要依照具体的制度办事，不能出现违规的情况。其次，要落实奖励与惩罚。对于企业内部设置的奖励或是惩罚，在达到条件之后就要及时落实，该奖励的就要给予奖励，该处罚的就要给予处罚，将管理落实到位，才能让企业员工信服，并且积极遵守相关的制度。

(四)大数据时代下企业管理模式创新

对于企业发展来说，大数据时代对于企业发展来说是非常好的发展时机，但由于我国目前对于大数据技术研究较浅，且推广时间较短，以至于企业生产等活动在某些方面受到制约，相对于时代发展的步伐有些落后。而在长期发展之中，大数据管理体系的建立更能使企业在市场中占据主导地位，更有利于企业的经济效益。智能化成为管理创新的必然趋势，良好的物质基础是管理模式创新的可靠凭证，首先应加强各种基础设施的建设，对管理模式的硬件及软件设施进行完善，确保各部门之间在信息对接过程中零差错，实现信息对接高效率。除此之外，企业应将信息化作为自身管理的企业文化之一，运用信息化来开展各种活动，在潜移默化中改善员工的传统思维模式，提升企业管理的整体水平。

企业管理是保证企业发展的关键性工作，而目前的形势下，企业管理还存在一些问题，需要引起重视。这就需要相关人员对此进行深入的探讨，找到目前存在的具体问题短板，然后对应改进管理方法，可以多种方式相互融合，也可以引导员工参与管理，还需要充分落实管理，从多方面推动企业管理的深入发展。

第二节　企业管理模式与企业管理现代化

目前，我国的经济在快速的发展，社会在不断地进步，企业管理模式对企业管理现代化发展具有较为重要的作用，因此，需要进行科学的研究与革新，转变传统的企业管理模式，打破传统工作方式的局限性，对企业的长远发展具有较为良好的意义。

在近年来，随着人们社会的不断提高，企业的发展面临着巨大的挑战，在激烈的竞争市场中，企业想要占领一席之地，就要立足于管理模式的有效性。如何在企业管理当中融入现代化，不仅成为当前企业发展的重点任务，还得到了社会的广泛关注。因此，企业应该在自身发展的基础上，进行全面、科学、深刻的改革。本节将通过三个方面对我国目前企业管理模式的发展现状进行分析，从而根据不足，给出有效措施。

一、我国企业发展中的三种管理模式的特点

我国国土面积较大，经济状况发展程度不一，使得在我国之中出现了多种的管理模式，笔者将针对其中最为典型的三种管理模式的特点进行简单的介绍，分别是规范化、人性化及家庭化3种管理模式。（1）规范化的企业管理模式。这一管理模式是在第二次工业革命之后，我国通过学习美国企业的管理模式所出现的。这一管理模式主要针对与企业员工的行为举止方面，使其更加规范化，从而有效地减少了企业中所存在的问题，使企业朝着制度化模式发展，并有效地推动了国家工业化进程的进一步发展。通过深刻地分析企业中每个部门所存在的问题，对其进行统一管理，并将这一管理模式严苛地落实到位，这便是规范化管理制度的核心价值所在。企业将会以自身的利益作为规章制度的核心内容，时间一久，便会导致员工对企业管理者失去信任，这也在一定程度上制约了企业现代化发展的进程。（2）人性化的企业管理模式。若是管理者在制定管理制度时，带有着较为突出的情感因素，企业管理制度便会显得尤为人性化。企业会掌握员工的各方面需求，并尽量满足，使员工能够更加认真地对待企业所给予的工作，增强员工的责任心理，从而促进企业更好地发展。但这种管理模式若是无法控制情感的投入，便会导致内部情感出现紊乱状态，不仅会无法达到企业制定的标准，还会对企业的发展造成不可估量的影响。（3）家庭化企业管理模式是最后一项较为常见的管理模式。这种模式是自古便存在的，也是当前使用最广的一项管理模式。这一模式主要通过血缘将企业中各个部门联系到一起，使企业在决定今后发展时能够保持统一的态度，并能够保证其良好的运行。但这种模式中管理层大多是同一家庭成员，随着企业的发展，中下层工作人员便会产生一定的不满情绪，使得企业缺少凝聚力，直到企业发展的中后期阶段，这一问题便会突然爆发，从而导致企业发展停滞不前。

二、企业管理模式与企业管理现代化发展措施

（一）遵循人本原则

在企业管理现代化发展的过程中，遵循人本原则就是坚持将员工作为管理主体，开展专业知识与先进技能的教育培训工作，在保证促进绩效管理工作合理实施的情况下，能够全方位的提升企业管理工作水平。企业在员工综合素养培养的过程中，需开展各方面的培训工作，提升生产效率，采用激励管理方式与动态化管控方式等，创建完善的绩效管理模式。在此期间需要全面提升工作人员的归属感，引导工作人员树立正确责任感，在提升工

作积极性与主动性的基础上充分发挥各方面管理工作的积极作用。

（二）企业文化管理模式

该项企业管理模式将"以人文本"的宗旨作为重点，人力资源作为企业生产经营的重点要素，企业的管理应当把工作重心放在工作人员的培训中。即结合企业的实际发展，立足于企业员工的素养，从而开展针对性的培训计划，从根本上解决工作人员水平低带来的问题，保障企业可以立足于竞争激烈的市场。企业文化管理模式需要对员工的关注度提高，通过提高薪资等方式，满足员工的需要，从而挖掘他们的工作热情，使他们投身于企业生产经营活动当中，推动企业现代化发展。

（三）企业的经营观念转变

从企业的经营观念角度思考，实际企业管理模式现代化便是将企业盈利的最大化目的转变为企业可持续发展方向。据统计，当前大多数企业均表现出过于重视企业利益，这一思想非常容易导致企业出现无法持续发展。而盲目地追求利益最大化，便会导致企业在后续发展过程中，出现各种各样的问题。因此，企业应重视现代化的发展趋势，并努力靠拢，从而保证企业在今后的发展过程中得到可持续性的结果。企业应将自身的盈利建立在企业自身的可持续发展之上，只有保证企业能够可持续发展，才能够保证企业在中后期阶段不会被社会市场所淘汰。因此，企业在日常的管理之中应多重视企业的整体发展体系优化，从而保证企业管理模式能够发挥出其真正的水平。企业应将精细化管理方式作为自身的管理模式，并以科学的方式制定出相应的制度，保证员工对于企业分配工作的热情程度，并为企业员工提供一项公平公正的管理平台。企业在现代化管理的过程之中，应避免将利益放在企业发展的核心目的之中，从而使企业自身能够更加重视社会的责任感，从而在市场竞争之中树立起良好的品牌形象，使企业能够完成可持续发展目标。

（四）社会需求与企业利益科学调配

要点归纳。社会需求与企业利益之间的科学调配，也是企业管理现代化研究的有效战略。所谓社会需求，就是指企业产品经营的大众品牌性和企业管理在社会中的口碑程度。它们虽然不会直接对企业管理造成影响，但却会影响企业人才招聘、产品销售的诚信度，对企业的长远经营造成一定的影响。所谓企业利益，自然是指企业管理的投入成本与企业的整体收益。最佳的状态是，企业管理成本最少，整体收益最大。案例探究。B企业进行企业经营管理方法调节过程中，充分利用企业经营要点，制定经济收益与社会效益均衡性模型，设定企业经济收益为因变量，社会需求为自变量，企业管理工作的开展，必须要先寻求这一模型中的核心点，再进一步调整两者之间不相适应的部分。包括：企业某种营销方法安排是否会对企业品牌造成损害，是否会导致企业资金回笼速率减慢等方面。案例中描述的，关于均衡企业管理模式优化中，多项元素综合调控方法分析，就是对社会需求与企业利益科学调配要点的把握。

（五）将管理制度与人文关怀有机整合

企业在管理现代化发展的历程中，应当将管理制度与人文关怀有机整合，创建现代化的管理模式。在此期间，企业需要结合内部常见矛盾，对经营管理工作与制度内容进行改革与完善，在保证所有管理工作顺利实施的情况下，可以形成良好的管理理念，并促进各方面工作的合理实施与发展。在此期间，需要重视工作人员的创新能力，提升工作热情，保证结合企业人才需求了解工作人员的工作能力，并为其制定完善的职业计划方案，加大身心健康的重视力度，定期开展思想政治知识的培训工作，提升其职业道德素养。在一定程度上还能增强工作人员归属感与工作热情，更好地达到管理现代化发展目的。

三、企业的竞争节点的转移

企业应将提升自身运营能力放在首要位置之上，而不是将市场竞争作为企业的主要目标。而企业在提升自身运营能力时，也是提升自身的管理敏捷性。传统的市场竞争往往是一次性交易的状态，这种状态会让企业产品的寿命周期缩短，此外，没有良好的其他服务也是无法实现企业可持续发展的重要问题。为此，企业在市场的竞争之中，应对自身的产品进行严苛的质量检验，并做好相应的服务。只有这样，才能有利于企业在市场竞争中占据一席之地。此外，当企业所生产的产品价值过于老旧，也会影响自身在市场中的地位，因此需要企业对市场行情有所了解，这便是企业对市场的灵敏度。只有在保证产品的生产速度、生产质量及生产实用性的情况之下，企业才能在市场的竞争之中立于不败之地。企业在对外销售产品时，需要注重自身的营销手段及相应的管理模式，以消费者为主要内容，以便于提升消费者的主观体验度，使消费者能够在体验产品的同时，得到最为优质化的服务。企业在制订营销计划时，应将市场内外的变化相融合，以便于促进企业与消费者之间的关联，从而使企业的各项资源均能够得到充分地利用，为企业在市场中的发展做好相应的基础准备工作。

在企业管理的过程中，为了可以促进管理工作现代化发展，应当科学的改革与创新管理模式，遵循人本原则，创建科学化与现代化的工作模式，保证全面提升整体工作质量与效果。

第三节　企业管理模式的成熟度分析模型

企业管理对于企业的发展起着非常重要的作用，运用成熟且稳定的企业管理模型对企业进行管理，企业的管理实效会有显著性的提升，因此正确的评价企业管理模式并做好选择便成了企业发展中需要重点关注的内容。就目前的分析来看，在市场经济体制下有较多企业管理模式被运用，这些模式的具体特点不一，优势和价值也迥异，更因为当前创新因素的参与，部分企业管理模式虽有运用但是成熟度却不足，因此要准确认知企业管理模式，需要对企业管理模式的成熟度等作品分析。本节就企业管理模式的成熟度分析模型作讨论，旨在为企业管理模型判断和评价提供帮助。

企业管理是企业发展和进步需要重点解决的问题之一，所以企业的管理需要和市场环境相适应，这样管理的实效性价值发挥才会更加彻底。就现阶段的研究来看，在不同的发展时期，经济环境不同，所以企业在管理模式的采用方面会有所差异，不过随着经济环境的改变，企业为了实现创新与发展，也会积极的进行改革，进而实现管理模式的改变。就当前的资料研究来看，企业管理模式会有一个产生、发展再到成熟的过程，而且越成熟的企业管理模式，其运行的专业性越好，风险越低，因此在企业管理实践中对管理模式的成熟度作分析和评价，这对于企业管理的进步和提升有显著的意义。基于企业管理模式成熟度的分析，研究成熟度的分析评价模型有重要的现实意义。

一、企业管理模式概述

企业管理模式对于企业的发展影响显著，尤其是近年来，随着改革开放的不断加深，越来越多的企业管理理念和思想在国内渗透，企业管理模式也有了显著的变化。就当前的分析来看，国内对企业管理模式的研究一直在进行，也取得了不少的成绩，但是企业管理模式的定义到目前位置尚不明确。对相关资料进行研究发现，不同的组织和机构对企业管理模式的定义明显不同，比如有的组织机构认为企业管理模式指的是从管理思想、管理理论、管理原则、组织结构、运行机制以及方式等整个管理体系的总称；而有的组织则认为管理活动是在一定模式下开展的，所以其在实践活动中表现出来的具体形式便是管理模式。

二、管理模式的成熟度模型

企业的管理模式对于企业发展的影响是显著的，而且具体的管理模式会在企业发展实践中不断地成熟。就当前的研究资料表明，企业管理模式会随着企业的经营发展实现进化，而且这种进化呈螺旋上升模式。对现阶段企业发展的管理模式作具体的分析发现企业管理模式的成熟度模型始终出在不断的变化中，而且模型会随着变化不断的升级，以下是管理模式成熟度模型的具体级别分析。

（一）企业管理模式的初始级

最低级的企业管理模式成熟度模型为初始级，初始级的成熟度模型存在着较多的不确定因素，因为影响企业管理的因素是多样的，而这个阶段的企业管理就像是"摸着石头过河"，所有的管理理念、策略以及方法均在不断地摸索中，所以此时形成的管理模式是不健全的，存在较多问题。对初始级的企业管理模式作分析可知这种管理模式有多种管理模式并存的现象，但是具体的管理并没有明确的核心，所以企业的管理难以形成成熟的体系。综合来讲，企业管理模式的初始级是最不成熟的企业管理模型，其存在的多重不确定性会造成企业管理的混乱，所以在分析企业管理模式成熟度的时候基于初始级模型可以确定具体的企业管理现状。

（二）企业管理模式的可重复级

比初始级高一个级别的企业管理模式为可重复级。如果在实践中企业取得的成功是经过可以证实的组织活动所获取的，而且企业管理模式的关键过程领域、公共特性以及关键实践等均在企业的成功中发挥了重要的作用，那么说明企业的管理所利用的管理模式具有规章性和结构性，这种规章和结构体现已经摆脱了"摸着石头过河"这个阶段，企业的管理有了明确的思路和结构布置，由此，企业管理模式的成熟度进入可重复级。就企业管理模式的可重复级分析来看，在价值层面上，企业对市场具备了一定的适应能力，有了较强的风险控制意识，在中间层面上，企业的管理架构已经具备了较强的组织性，新型管理结构有效改善，在执行层面上，企业的管理业务流程也出现了不断地重复和增加。

（三）企业管理模式的可定义级

在企业管理模式的可重复级发展基础上，企业管理模式会进一步成熟进而进入到可定义级。从具体的资料研究和调查分析来看，可定义级的企业管理模式具有标准化，管理的一致性也比较强，管理任务、管理目标以及管理的具体流程等都能够通过文档化在企业管理实践中进行运用，所以利用这种企业管理模式，企业经营的预期效果会更加明显。对企业管理模式的可定义级作具体分析，其在价值层、中间层和执行层方面有自己的特点：首先是就价值层而言，管理者能够在基于市场的基础上对企业发展的行为和活动作预先的定义，而且具体制定的方针和策略能够用来核定和测量具体的结果。简言之，企业管理模式的后续发展会有比较系统的阐述和说明。其次是就中间层来讲，企业管理模式的定义级需要有组织架构和管理上的支撑。最后是执行层。因为定义级的企业管理模式成熟度相对较高，完整的规章制度等均已形成，所以具体的管理执行会具有标准性和制度性。

（四）企业管理模式的可管理级

可管理级是在定义级的基础上进行进化的企业管理模式，这种管理模式进入到了可计划、可领导、可控制和可组织的高度。就企业管理模式的可管理级具体分析来看，此种管理模式的成熟度相当高，员工能够对企业的管理作深入的理解，所以在企业经营实践中，这种管理模式的应用在企业人员管理调动方面的效果十分的突出。对企业管理模式的可管理级作具体分析，其在价值层面上的特点是对市场环境的适应能力较强，企业能够在发展中借助管理理念以及经营战略表现出自身的成熟魅力，企业能够获取和利用的资源也有了极大地提升。就中间层面的分析来看，企业的组织架构以及管理技术等均有了较为详细的测量标准，管理质量以及管理数量的分工会越来越明确。就执行层面来讲，该种模式的执行更具制度化和规范化，整体企业管理体系的运行会呈现出和谐的状态。

（五）企业管理模式的可优化级

企业管理模式的可优化级是比可管理级更高的成熟度模型。从企业管理模式的可优化级具体分析来看，其是一种能够持续优化企业管理的模式，是企业管理模式的改进。对企业管理模式的可优化级作实践性探讨发现这种模式在运作中成熟度更高，不仅是企业的领导层、管理层有着较高的素养，对管理执行比较到位，普通的企业员工也能够实现对管理的深层次认知。在这种管理模式下，企业文化的建设会更加突出，其在企业发展中的作用会更显著。总之，可优化级是目前企业管理模式的最高成熟模型，也是所有企业管理持续改进的发展目标和方向。

综上所述，企业的管理模式对企业的经营发展影响巨大，而且各个阶段的企业因为自身或者是外在的因素会采用不同的企业管理模式。具体分析企业管理模式成熟度的分析模型能够有效地利用模型对企业的管理模式作成熟度评价，这对于企业管理进步有重要意义。

第5节　基于大数据的企业管理模式创新

随着经济全球化的到来，社会快速发展，人民生活水平显著提高，不仅在经济方面取得了巨大成就，科学技术水平也获得了很大提升，促进了互联网技术的快速发展，可以毫不夸张地说，当前人们的生活已经被互联网全面覆盖，人们可以足不出户便知晓天下事。互联网技术的广泛应用，使得每个人的手中都拥有一台以上的智能移动设备，遍及街道各个角落的监控摄像头等各式各样的电子产品对于数据的储存和应用都表现出爆炸式增长的需求，以上这些急速增长的数据存储及应用现象，都代表着大数据时代已经到来。大数据加剧了市场竞争，给现代企业的管理模式带来了或多或少的冲击，如何在大数据时代背景下，创新企业管理模式，促进企业长久发展，提高企业经营收益，已成为当前企业管理学者们研究的重要问题。

一、当前企业管理模式中存在的问题

企业管理模式，英文可以用"Business Mode"来表述。国内学者对"管理模式"的界定可以归纳为"资源配置说"、"体系说"、"方式方法说"三种观点。"资源配置说"认为管理模式是企业固定的资源配置方式，即管理模式是企业在特定环境下关于人力、财物、技术、信息和知识等要素之间的配置关系。"体系说"认为管理模式是企业在长久经营中沉淀固化下来的一套管理制度、规章、程序、结构和方法，是为了实现经营目标而建立的企业管理系统的整体结构和运行方式的总和。"方式方法说"认为企业管理模式是企业从管理实践活动中抽象出来的一系列不同内容的方式方法的图示和样板的总称，这里的方式不是具体的管理技巧、管理方法或管理手段，而是指经过抽象后得到的能够反映企业管理特点和内在联系的一种理论化了的样式，是实现企业资源向产品和服务转变的指导方法。任何组织都需要同外部环境进行物质交换才能保证其生存和发展，即任何组织都是一个开放的系统，企业也不例外。因此，企业管理活动会受到外部环境的影响，如所在国家或地区的文化背景、经济水平、政治体制、技术水平、所处行业等。同时，企业又是由人力、财力、物力、信息、技术等要素构成的系统，要素禀赋及要素之间的协同作用也将影响其管理活动的运行方式。综上所述，企业的管理模式将受到内外环境因素的差异而表现出不同的特征。

大数据给企业带来广阔发展前景的同时，也给企业的管理模式带来了一定的冲击。大数据时代企业管理面临的问题主要有：大数据的商业价值没有得到行之有效开发和利用，当前的企业管理者没有正确认识到大数据的商业价值，缺乏创新意识，与当前大数据发展趋势产生了偏离；当前企业缺乏对大数据进行分析的先进技术手段；企业中缺乏了解大数据、能够进行数据分析的人才。当前的企业管理模式中，传统模式应用时间过长，乏善可陈，只有对大数据进行深刻分析、深入了解，才能为企业管理模式提供更多新思路。因此，创新企业管理模式首先需要加强对大数据的分析和了解，才能使企业取得更好发展。

大数据的商业价值没有得到有效开发利用。对当前的企业管理模式进行调查分析可以发现，大多数企业仍采用传统的企业管理模式，过于传统的数据采集模式无法获取有效信息。同时，企业管理者缺乏创新意识，不清楚大数据资料的价值，因此导致其仍旧盲目秉持着传统的企业管理理念，认为企业管理实现信息化就已足够，无须采纳更多数据支持，以目前的数据采集水平，企业的信息化发展能够保证企业的长久经营。还有一些企业的管理者，虽然能够意识到大数据的作用，但他们并不能够将大数据与企业管理模式有机结合起来。企业管理者单方面过于追求企业的经济效益，而不愿意花费时间和精力在大数据分析上，更没有利用大数据创新企业管理模式的意识，导致企业的数据分析存在很多问题。

当前企业对大数据没有先进的分析技术。商业智能技术是指将本企业同行业中相关方法和措施进行一系列的描述，并结合企业当前状况与实际情况进行分析，将分析结果提供给企业的一种管理模式。当前的企业可以采用这种技术制定相关商业决策，这种商业智能技术能够帮助企业进行有效数据分析，从而提高大数据的利用价值。然而，通过对当前企业管理模式的调查发现，大多数的企业在进行数据分析时，并没有采用这种商业智能的新技术，而是采用传统的数据分析方式，分析多以企业数据方面资深分析师等人员的人工解析为主，其过程相对商业智能技术过于滞后，并且数据分析结果存在较大误差，对企业发展存在较大影响。因此，大数据时代的企业管理模式亟待创新。

企业缺乏数据分析人才。随着科技的发展和时代的进步，人们在大数据中获得了巨大收益，逐渐融入大数据时代中。然而，现代企业的发展仍缺乏大量数据分析和数据处理的人才，而现有数据专业人才的实际质量远远无法与当今时代需求所匹配。当前的企业对数据进行分析时，仍是采用传统方法将搜集到的数据进行分析处理，存在较多不足和缺陷。基于大数据的企业管理模式要求企业在分析数据时，需要将所搜集到的数据先进行统一归纳整理，而不是局限在传统的信息化和市场营销范围中进行分析。加强对数据分析人才的培养，引进更多人才，建立人才培养机制，培养复合型数据处理人才，才能为企业发展提供翔实完整的数据分析。

二、基于大数据的企业管理模式创新方法探析

大数据时代是社会发展的必经阶段，大数据中包含了海量的企业相关信息和客户相关信息，具有非常高的商业价值。企业管理者只有意识到大数据宝贵的商业价值，基于大数据的优势对企业管理模式进行创新，才能帮助企业更好发展。在大数据的时代背景下，最重要的是对大量数据的整合分析，需要专业的数据分析人才，以及借助一定的科学管理方法对海量的数据进行管理和储存，保障数据的准确与安全。

基于大数据的企业管理模式创新要求企业管理者树立大数据理念，提高对大数据商业价值的正确认识。正确合理运用大数据进行整合与分析，能够为企业的发展带来巨大的经济效益和商业效益。企业管理者要认识到大数据对企业发展的重要性，将大数据与企业管理模式相结合，利用大数据优势，提高决策可行性。

基于大数据的企业管理模式创新要求企业管理者对企业面临的市场环境要有正确认识。企业的发展离不开客户的支持，在大数据环境下，对于客户信息的获得将更加便捷。大数据的优势在于不仅能够帮助企业全面、快速、便捷地捕获客户群体的信息，并且能够通过数据整合分析更好地把握客户的兴趣方向，从而可以针对不同客户的不同需求为客户提供人性化差异化的服务。在大数据时代背景下，通过互联网技术能够维持企业与客户的联系和沟通，提高客户忠诚度。

基于大数据的企业管理模式创新需要培养专业的数据分析人才。大数据时代的到来，

可以视为一场全新的科技革命，需要培养一批大数据的应用型人才。企业在招贤纳士引进精英的同时，也要致力于建立相关的人才培养制度，重视大数据分析人才的培养，提高数据分析能力、数据整合效率，提升企业的经营管理水平。21世纪最宝贵的财富是人才，企业的竞争就是人才的竞争，只有培养出专业的数据分析人才，才能为企业长久稳定的发展奠定坚实的基础。基于大数据的企业管理模式创新还需要树立一个全新的决策主体。通常来讲，企业的决策主体往往是高层领导，然而，大数据时代的企业管理中决策主体应当进行转换。限制企业高层管理人员的决策权力，把更多的决策权从企业高层领导身上转移到社会公众身上。通过树立全新的决策主体，广泛收集采纳社会公众的意见，从而使企业管理模式得到创新。

  基于大数据的企业管理模式创新要充分利用企业员工的社会网络。不仅要利用企业员工在企业中的社会网络，还要充分利用企业员工非上班时间的人际关系网络，将以人为中心的各类网络相结合，并加以有效运用，如此一来便能够将企业的数据群体扩大到更广的范围，同时增加不同数据来源的数据类型。大数据时代互联网技术的迅速发展，使得现实生活中的人际关系逐渐转移到了网络平台。因此，要抓住网络平台这一具有影响力的社交工具，发展社交网络群体，使之最终发展成为企业的客户，为企业所用。在企业管理中，擅于利用企业员工的社交网络，能为企业扩大客户群体，为企业的长久发展带来好处，是创新企业管理模式有效的途径之一。

第六章　中国传统文化与企业管理研究

第一节　中国传统文化与企业文化

泱泱中华，五千年文明史，维系并始终推动社会发展的，就是中国传统文化。中国传统文化积淀并蕴含了五千年的智慧和方法，至今仍然散发着永恒的魅力与价值。认真总结和借鉴中华民族传统文化的基本精神，充分发掘传统文化中的管理思想和谋略，企业如果能够充分汲取其营养并结合时代要求加以创造性运用，形成具有创新精神、协作精神与和谐精神的企业文化，就能在激烈的市场竞争中占据有利地位。探索中国特色的企业文化模式，应当把传统文化作为一个重要因素和一个重要的组成部分来认识。中国特色的企业文化模式，应该是适应中国企业管理实践的企业文化，是传承中华民族优秀文化传统的企业文化，是发扬中华民族文化精神的企业文化，是具有鲜明中国特色、中国风格的企业文化。打造企业文化的"中国模式"，首先要从认知和认同中华民族的优秀文化传统入手。优秀文化传统是中国企业软实力的源泉，是企业灵魂之所依，是我们从理论到实践打造"中国模式"的根基。

一、中华传统文化之精髓

中华传统文化的实质就是探讨人和人生的问题。儒家理论的核心是为人之学，它提倡仁爱，讲"仁、义、礼、智、信"，探讨怎样做人、怎样处理人与人之的关系以及如何提升人生价值和实现人生理想的问题；道家讲自然，讲"天人合一"、"顺其自然"，就是要求合乎自然规律，从根本上说也就是讲人的生命哲学问题；佛教讲因果轮回，讲人生解脱，讲思想觉悟，讲道德约束，同样带有很浓厚的人文色彩。由此可见，中华文化的核心是"以人为中心"的，尤其儒家的为人之学，更是提倡通过为人，进而为家、为国做贡献，从本质上说，中华传统文化所提倡的实际上是一种人生的价值观念和信仰追求。

人生价值最重要的就是人的智慧、理想、才能的体现与为国家、为人民、为民族以至为人类发展所做出的贡献。人生的价值观就是在人生的一些基本矛盾（如人与自我、人与他人、人与社会、人与自然的关系）基础上形成的，是关于人生价值的一些观点、观念与看法。如何正确对待和处理这些矛盾，就形成了不同的价值观念。下面，我们看一看中华传统文化的价值观在这几大矛盾关系中是如何体现的。

中国特色的企业文化模式，应该是适应中国企业管理实践的企业文化，是传承中华民族优秀文化传统的企业文化，是发扬中华民族文化精神的企业文化，是具有鲜明中国特色、中国风格的企业文化。打造企业文化的"中国模式"，首先要从认知和认同中华民族的优秀文化传统入手。优秀文化传统是中国企业软实力的源泉，是企业灵魂之所依，是我们从理论到实践打造"中国模式"的根基。

（一）人与自我的关系

人与自我的关系，就是如何正确地处理我们自身的现实状况与理想追求、物质生活、精神生活、生命价值与生存（道德、人格等）价值的矛盾，说到底，也就是人格与人品的塑造问题。在这方面，孔子讲："三军可夺帅也，匹夫不可夺志也"，孟子也说："富贵不能淫，贫贱不能移，威武不能屈，此为大丈夫。"道家从一种自然主义的思想出发，也提倡崇高的人格，庄子说："至人神矣！大泽焚而不能热，河汉冱而不能寒，疾雷破山、飘风振海而不能惊"，并主张"天地与我并生，而万物与我为一"。这里所说的匹夫之志、丈夫行为与至人神举，都是古人人格价值的追求，都强调无论在什么情况与环境下，人都要坚持自己的原则，保持自己的人格，这是人类超越自我、天人合一的一种至高的精神境界。

改革开放以来，中国创造了经济发展的奇迹，综合国力进一步加强，人民生活水平大大提高，取得了举世瞩目的成就。但我们也应清醒地看到中国正进入社会剧烈的转型期，资源与利益，结构与走势，都需要重新分配、改变和建构，现代企业文化的建立也必须具有清醒的大历史观和文化意识，需要找到本民族精神的根本支撑，只有切实加强自身文化的建设，保存自己的文化底色，主动传承我国传统文化精华，完成传统文化的现代转型并渗透到现代企业管理当中，才能使我们抓住历史机遇，占据主动地位，推动经济进一步稳定发展。

（二）人与他人的关系

人与他人的关系，简言之就是人际关系，包括人伦关系（父子、父母、夫妻、兄弟、姐妹）、亲缘关系（亲翁、叔伯、姑舅、妯娌、娌姨、表亲）、工作关系（领导、同事、顾客）、邻里关系和朋友关系等。在这方面，古人认为人是讲情感、重礼义的一种群体。在这个群体中，孟子认为，人有"五伦"（父子、君臣、夫妇、兄弟、朋友五种关系），应遵守"十义"（父慈、子孝、兄良、弟悌、夫义、妇听、长惠、幼顺、君仁、臣忠的十种道德规范），董仲舒提出用"三纲"（君为臣纲、父为子纲、夫为妻纲）"五常"（父子有亲、君臣有义、夫妇有别、长幼有序、朋友有信）来规范人的行为。在此基础上，儒家思想进一步发扬光大，提出了"仁、义、礼、和、信"的道德规范与行为准则，提倡"仁爱"，讲"道始于情"、"仁者爱人"，要"孝之放，爱天下之民"，"礼之用，和为贵"，"克己复礼"，主张"极高明而道中庸"、内圣外王而"修身、齐家、治国、平天下"。把人与人之间的修养准则和最终目标阐说得很清楚。

（三）人与社会的关系

人与社会的关系是人与人的关系中派生出来的人与企业、人与社团、人与民族和国家的关系。自古以来，中华民族以"忠"、"孝"著称于世，不仅忠于君臣、孝敬父母，而且忠于祖国、忠于民族、忠于人民。当民族利益、国家利益和人民利益受到侵害时，"天下兴亡，匹夫有责"，"生当作人杰，死亦为鬼雄"，"先天下之忧，后天下之乐而乐"，无数忠臣义士义无反顾地为国家、为民族和人民的利益牺牲自己的利益，甚至生命。传统文化中，对有关人与社会的群体关系、公私关系以及个人与集体、个人与民族、个人与国家的关系，都有很多精粹的思想。比如，团体意识、协作意识、人本思想、和谐思想、求实精神、义利观念、吃苦耐劳精神、勤奋自强的性格、道法自然的思想、爱国主义与集体主义精神等，"自天子与至庶民，皆以修身为本"，优良的民族传统与顺应自然、少私寡欲的自然本性以及修身立德、敬业奉献的人本主义精神深深地烙印在人们心中，在调节人与人和人与社会的关系中发挥了不可忽视的作用。

（四）人与自然的关系

人是自然的一部分。人类生存在特定的自然环境中，与自然相互依存，互不分离。按照古人的说法，人与自然的关系是"天人之际"。这里的天，一是指天地间自然万物，二是认为天上有神灵。孟子讲"尽心知性知天"，庄子说"万物与我为一"，《吕氏春秋》进一步论述"人与天地也同，万物之形虽异，其情一体也"。在强调"天人合一"、"太和万物"、人与自然和谐统一的同时，主张"与天地参"、"泛爱众生"、"知天命而用之"，提出"人法地、地法天、天法道、道法自然"的理论，主张"圣人以辅万物之自然而不敢为"，"山不敢伐林下木，泽人不敢灰戮，缗网罝罦不敢于门。鲲鲕不敢入于渊，泽非舟虞不敢缘名，为害其时也"（《吕氏春秋》），要求人类应"顺之以天理，行之以五德，应之以自然"，"万物各得其和而生，各得其养而成"，要顺应天地规律与自然变化，按照五德来规范自己的行为，并通过发挥人的主体能动作用，积极地调节和控制自然的变化，以改善我们的生存环境，达到人与自然和谐完美的程度。

中国悠久的传统文化，蕴含着丰富的人文精神。古代思想家有关尊重生命、崇尚自然和保护环境对人类生存与发展以及提高当代人的环保意识，具有积极的借鉴意义。21世纪，中华民族正处在一个伟大的复兴阶段。经济全球化，信息网络化，加快了世界文化的交流，也促进了民族文化的繁荣与发展。同时，人类要生存与发展，必须实现和平共处，也就要求我们必须解决好人与人之间、人与自然之间以及民族与民族、国家与国家之间的关系。而中华传统文化的仁学与道论、特别是"天人合一"、"内圣外王"、"道法自然"与"无为而治"等思想对我们协调人与人、人与组织、人与社会、人与自然以及民族与民族、国家与国家之间的关系有着十分重要的积极意义，对我们管理企业、治理社会、调整人类与自然的关系以及解决"和平与发展"和世界哲学发展等问题上提供了极为丰富与宝贵的经验。

先秦时期士人经商，说明了春秋战国时期商品经济的发展，同时也反映了士人商业文化意识的觉醒。儒商，由于受传统文化的影响，经营讲求信义，以诚信为本，具有良好的职业道德和经营之道。史载子产"为相二年，市不豫价；三年，门不闭户，道不拾遗"，实现了政通人和、社会安定的繁荣景象；范蠡善经营之道，"能择人而任时，十九年中三致千金"，一跃而成巨富。白圭总结了先秦士人经商的成功经验，提出了"智、勇、仁、强"的"治生之学"。所谓智，是指"通权变"，就是善于观察时势行情与灵活处理各种变化的能力；所谓勇，就是当机立断、敢于决策的胆略与勇于进取的冒险精神；所谓仁，就是经营之道与管理方法；所谓强，就是指经商者所需要百折不挠的毅力与品质。白圭的"治生之学"为商业经营提供了有效的管理方法与考核标准，同时为商业文化的发展奠定了基础。

二、中华工商企业文化的发展

我国的企业文化源于中华民族的商业理论发展，而我国的商业理论主要以儒商文化为主。儒商文化经历了漫长的历史发展过程，为古代商品经济的发展做出了重大的贡献，同时后来为中华商业文化的形成，留下了宝贵的精神财富。

我国的商业起源于夏商时期，当时以官办官营为主的工商会官促进了西周商业活动的发展。到春秋战国时期，"士大夫不杂于商"的状况出现重大改变，在商业活动中，士人遵循孔子"礼以行义，义以生利，利以平民，政之大节也"的训导，经商多以礼义为行动规范，在礼义的基础上求利而不贪夺。孔子后，孟子周游列国，一方面宣扬仁义，另一方面经商"以羡补不足"，他反对重征商税，主张取消关市之征，开放山泽之利，义利结合，充分体现了儒商的价值观。之后，墨子主张"交相利"，要求商人在给别人带来利益的同时，自己也从中获利。他不仅言商，而且积极参与商业活动，深切体会了商业经营的辛劳艰苦，并从中意识到了供求与商品价格之间的关系。

在人与自我的关系当中，古人不仅要求塑造一个高尚的人格，而且还要求我们正确对待生命。在先人看来，当人的生命与道德、人格发生矛盾的时候，也就是说，当一个人的生命价值与国家利益、人民利益和民族利益发生矛盾或冲突的时候，人的生命价值应服从于道德价值与人格价值，就应该"杀身成仁"（孔子语）、"舍生取义"（孟子语），这样才"生的伟大，死的光荣"（毛泽东语）。这样的人，立德、立功，死而不朽，精神不灭，与自然同化，为后人所景仰。

先秦以后，司马迁对秦汉儒商进行了总结，认为"富者，人之情性"、"天下熙熙，皆为利来；天下攘攘，皆为利往"，求富趋利不仅是整个社会追求的人生目标，而且是仁义道德的基础。到唐宋时期，经济繁荣，人心思富，儒商队伍不断壮大；明清阶段，儒商思想进一步升华，商人的地位逐步提高，商业经营迅猛发展，其中晋商、陕商、徽商、鲁商等几个比较大的商业集团，对国家的政治、经济、军事和文化的发展起到了举足轻重的作用。儒商信守"凡人存心存世，务在中和，不可因势凌人，因财压人，因能侮人，因仇害人"和"经营信为本，买卖礼当先"、"诚招天下客，义纳八方财"以及"财之道生，利缘义取"等经营信条，诚诺忠厚，童叟无欺，提倡中庸，讲求礼义，发挥传统儒商的儒德、儒术和儒识，主张"生财有大道，以义求利，不以利为利"，并"察天时之顺逆，格物理之精微"，掌握市场供求关系，顺应商品发展规律，在复杂的社会与人际关系中学会待人处世与合法经营，以至"基业日隆，家道渐裕"，成为近代中国的"儒商资本家"。清末民初，帝国主义的坚船利炮撞开了封闭近三千年的国门，敲响了封建统治的丧钟。"中学为体，西学为用"，洋务运动的兴起，引进了西方的科学技术与管理，促进了民族工业的发展。其时以救国救民为己任的中国新一代儒商，在继承和发扬传统文化的基础上，积极吸收外来的科学技术与先进管理经验，形成了富有生命力和创造力的中国工商企业文化，如有"棉纱大王"之称的著名近代实业家穆藕初认为"凡百事业之成败，全视人才之优劣"，把重视人才、网罗和使用人才作为兴业之本；著名的四川民生实业公司的创始人卢作孚先生把"超个人成功"、"超赚钱主义"当作他经营事业的目的。为此，他给民生公司制定了"服务社会、便利人群、开发产业、富强国家"十六字宗旨和著名的"民生精神"；天津东亚毛纺公司的"抵羊牌"（抵制洋货之意）商标与"你愿人家怎样待你，你就先怎样待人"的厂训，并通过东亚精神、东亚铭、厂歌等"精神训练"来强化职工的爱厂意识和敬业精神；其他如大成纺织公司的"忠信笃诚"，荣氏纺织工业集团的"和衷共济，力求进取"，上海冠生园的"三本主义"（本心、本领、本钱）和久大盐业集团的企业信念："(1)原则上绝对相信科学；(2)事业上积极发展事业；(3)精神上以能服务于社会为莫大光荣；(4)行动上宁愿牺牲个人顾全团体"等文化理念，充分表现了强烈的民族精神与民族意识。

这一时期，传统文化中儒家思想的以义制利、诚信为上的价值观，以和为贵、协调群体的和谐观，修身内省、反求诸己的自律观，以人为本、仁者爱人的道德观，道家道法自然、无为而治的自然观，兵家（孙武、孙膑）以退为进、以进制动、贵柔守雌的战略战术以及墨家、法家、轻重、货殖各家思想的综合，求同存异，兼容并蓄，使得近代工商企业文化异常丰富。这些文化理念，主要表现为：民族自强、实业报国的企业宗旨，重商厚商、敬业乐业的经营思想，勤劳刻苦、奋发进取的高尚品格，纤悉计算、俭约朴实的经营作风，笃实不欺、信义为上的商业品德，执乎其中、和谐为贵的经营理念，出奇制胜、善于竞争的经营策略和精究本行、心志专一的敬业精神等，以及山西票号创建的股份制和两权分离制度以及灵活运用的资金使用制度等，这些都是古人经商美德的继承与经验总结，也是优秀传统文化的宝贵资源，以古为鉴，古为今用，对我们建设有中国特色的社会主义企业文化具有十分重要的现实意义。

三、传统文化之于企业文化的价值定位

20世纪七、八十年代日本经济的迅猛崛起，亚洲四小龙经济腾飞，带动了整个东亚、东南亚经济的发展。从历史进程上来看，这些国家对中国传统文化的传播、消化、吸收，都有着很深的历史渊源与积淀，究其成功的原因，在于这些国家的精神认同、思维方式、心理结构、观念意识、行为规范等等，深植于其中的文化母体仍然是中国化的传统文化。诸如中国的《论语》、《孟子》、《道德经》、《孙子兵法》等中国古代传统文化中的精华，纷纷被上述一些国家的成功企业奉为管理圭臬，并在管理实践中有效使用。虽然中国在近现代史上饱受西方列强侵略和压制，一度走向没落，在船坚炮利重创之下，中国文化的原有发展进程受到了破坏与割裂，传统文化影响力相对减弱。但在在经受西方文化思想与经济模式冲击之下，上述国家仍然在转型与发展过程之中找到了符合东方个性的管理思想与方法，并有效地融合与创新，充分发展了本国的经济，分别实现了本民族的腾飞。

日本"近代工业之父"涩泽荣一首先将《论语》运用到企业管理，他开设了"《论语》讲习所"，倡导"论语主义"、"道德经济合一说"、"义利两全说"、"论语加算盘说"，认为"论语中有算盘，算盘中有论语"，即讲道德、信用可以带来物质利益，而在牟利时要讲究道德、信用。他说："我的经营中虽饱含着辛苦和惨淡，但是由于常遵孔子之教，据《论语》之旨，故使经营获得了成功。"日本东芝公司总经理土光敏夫，丰田公司创始人丰田佐吉、丰田喜一郎等人都喜欢《论语》，丰田喜一郎还将"天地人知仁勇"用作自己的座右铭。日立公司创始人小平浪平把儒家的"和"、"诚"列为社训。住友生命的会长新井正明以"其身正，不令而行"为座右铭，松下幸之助则认为，企业家要仁爱惠众，生产出像自来水一样多而便宜的产品以回报社会。目前在日本，不少企业家把《论语》作为日本工商企业的"圣经"，把其中的思想作为企业经营管理的根本方针。松下电器公司迄今还在其商业干部学校中，把儒家经典作为商业道德课的教材。

韩国是目前世界仍在真正祭祀孔子的国家之一。每年春秋两季，韩国都要在成均馆的大成殿举行孔子的祭祀典礼，政府派高级官员参加。韩国成均馆大学安炳周教授认为，儒家思想对韩国的现代化和经济发展起到了促进作用。他指出："儒家思想对防止现代化发展中产生的私欲、利己主义等不良倾向和社会思想的堕落，可以起到调节作用。因为在价值观方面，儒家文化倡导为别人作牺牲和忘我精神是受到普遍尊重和赞扬的良风美德，这些传统思想正是西方所没有的。"

由此可见，日本与韩国能够诞生世界级的企业均受到我国传统文化的深刻影响。反观

我国，改革开放以来，中国创造了经济发展的奇迹，综合国力进一步加强，人民生活水平大大提高，取得了举世瞩目的成就。但我们也应清醒地看到中国正进入社会剧烈的转型期，资源与利益，结构与走势，都需要重新分配、改变和建构，现代企业文化的建立也必须具有清醒的大历史观和文化意识，需要找到本民族精神的根本支撑，只有切实加强自身文化的建设，保存自己的文化底色，主动传承我国传统文化精华，完成传统文化的现代转型并渗透到现代企业管理当中，才能使我们抓住历史机遇，占据主动地位，推动经济进一步稳定发展。

2013年8月19日，习近平总书记在"全国宣传思想工作会议"上发表重要讲话时说："中华文化积淀着中华民族最深沉的精神追求，是中华民族生生不息、发展壮大的深厚滋养"；"中华优秀传统文化是中华民族的突出优势，是我们最深厚的文化软实力"。"中国特色社会主义根植于中华文化沃土、反应中国人民意愿、适应中国和时代的发展进步要求，有着深厚历史渊源和广泛现实基础"。"中华民族创造了源远流长的中华文化，中华民族也一定能够创造出中华文化新的辉煌"。由此可见，中华传统文化是中华民族凝聚力和创造力的最重要源泉之一。

树无根不活，企业文化作为亚文化形态，必然植根于本国、本民族的母文化土壤，中国特色企业文化的形式及其内容有其历史渊源和路径依赖性，在形成的过程中不断地吸收中华文明的丰厚营养。

四、传统文化之于企业文化的构建

文化制胜已成为企业管理变革的新趋势。博大精深的中华传统文化蕴涵着丰富的人文精神，企业只有充分运用这份宝贵文化财富，并汲取其营养和精髓，才能构建具有创新精神、团队精神与和谐精神的企业文化，在剧烈的市场竞争中立于不败之地。

（一）弘扬推陈出新的传统文化，构建具有创新精神的企业文化

中华传统文化包含有儒家、道家、法家等思想，其中许多蕴含现代企业所追求的积极进取、开拓创新的理念。《周易》中有一段名言："天行健，君子以自强不息。地势坤，君子以厚德载物。"《大学》中说："苟日新，日日新，又日新。"这体现了中华民族勤奋拼搏、求索开拓的高尚精神，激励人们不断求变求新，在实践中碰撞出创新的灵感火花，为构建传承过去、面向未来的企业文化提供了浓厚的文化积淀。

创新是企业生存发展的根本，是企业健康稳定发展的源泉动力。只有弘扬创新文化，企业才能适应新的时代要求，满足企业的长远发展。企业要充分汲取传统文化"人定胜天"的思想，建设良好的创新环境，营造浓厚的创新氛围，对于培育创新思维、造就创新人才、培育创新成果，具有很好的促进作用。企业要千方百计构建有利于调动员工积极性的激励机制，培育有利于创造型人才成长的企业文化，培养员工的创新能力，让人力资本的效用

实现最大化。

中华传统文化充满求变求新、敢于打破常规、敢于否定的思想，以及勇于探索、不惧失败的价值理念。要大力崇尚创新、鼓励创新，为造就创新型科技人才队伍、建设创新型企业提供强有力的文化支撑。企业应支持探索，宽容失败，让创新意识成为员工的价值取向，以提升企业的自主创新能力。

（二）弘扬同心协力的传统文化，构建具有团队精神的企业文化

《周易·系辞上》载："二人同心，其利断金；同心之言，其臭如兰。"《吕氏春秋》上说："万人操弓，共射一招，招无不中。"儒家文化处处蕴含着"众人拾柴火焰高"、"人心齐，泰山移"的思想，强调同舟共济、荣辱与共的团队精神，崇尚集体利益高于个人利益，个人利益必须服从整体利益。

将中国传统文化运用到企业管理，就要求全体员工相互配合、相互协调，"求大同，存小异"，提高企业的运行效率。因此，植根于传统文化浓厚底蕴基础上的文化与现代企业制度一旦结合起来，企业内部就会形成人人都是主人翁的向心力，为企业的良性运转提供强有力的保证。

同心协力是一种"黏合剂"，可以使员工目标明确、步调一致。团队协作文化要求，员工时刻不忘企业的整体利益，以患难与共、相互协作为荣，强调爱岗敬业、无私奉献。同时，企业要建立健全协作机制，让所有员工人尽其才，找到自己在企业中的坐标，在此基础上实现成员之间的优势互补，将个人、部门的小目标融入企业的总体目标，将个人、部门的眼前利益融入企业的长远利益。

（三）弘扬以和为贵的传统文化，构建具有和谐精神的企业文化

"和"文化是中华民族传统文化的核心，认为宇宙万物只有处于整体的和谐状态，才能产生、存在和发展。《论语》载："己所不欲，勿施于人"，"己欲立而立人，己欲达而达人"，都要求人际交往时一定要"推己及人"。孟子认为："天时不如地利，地利不如人和。"管子说："和乃生，不和不生。"这些思想强调，人类社会顺应自然而存在，人顺应社会发展而存在，和谐是万物生存和发展的原则。

和文化是调节人与人、人与社会之间矛盾、形成友好人际关系的一剂"良药"，也是构建和谐企业的文化源泉。它不仅注重人与自然界的和谐，而且注重人与社会、人与人以及人自身的身心和谐。和谐的劳企关系和人际关系是增强企业的凝聚力和向心力的必然途径。当前，西方文化对我国的影响越来越大。企业作为参与全球化的一分子，必须保持清醒头脑，始终把中华民族灿若星河的优秀文化作为企业文化建设的思想源头，展现传统文化的包容性和独特性，弘扬和谐共赢思想，对内形成凝聚力，对外形成吸引力，创造融洽、愉快的工作环境和生活环境。

和谐精神是儒家思想的重要组成部分，也是构建企业文化、产生凝聚力的关键所在。

具有和谐精神的企业文化要求，企业管理者要比其他员工有更强的自律和自省意识，以身作则，并善于把个人价值的实现同企业的发展目标恰到好处地结合起来，在企业上上下下形成和谐的人际关系和工作氛围。

综上所述，任何一种文化模式都不可能是凭空全新产生的，企业文化也不例外，企业文化的形式及其内容一定有其历史渊源和路径依赖性。世界上大凡有生命力的管理思想，都是基于本土文化之上的。所以，企业文化在建设过程中，一定要重视对原有企业文化中优秀内容的继承和发扬，尤其是要继承和发扬企业文化中被证明正确的核心的价值观，这些观念被认为是保证企业长期稳定经营的基础。同时必须记取：作为一个文明发展古国，历史文化传统有益于今天文化建设之处多矣，把我国博大精深的传统文化中的优秀部分与我国当今的社会主义市场经济结合起来，从而为我国企业进行文化创新奠定坚实的基础。

第二节 关于中国传统文化与企业人力资源管理关系

随着知识经济的来临，影响社会和经济发展的战略资源优势已由金融资本转变为掌握新知识、具有创造性的人力资源。全球经济文化一体化趋势，又充分说明了现代经济发展与文化发展的不可分性。在企业中进行人力资源的开发与管理，就要注意企业文化与人力资源管理的结合。弘扬中国传统文化精义，对于建立现代企业文化有重要的启示。在具有深厚的传统文化基础的当代中国，我们现代企业者不仅应该借鉴发达国家的优秀企业文化，而且应该从本土的优秀文化中汲取营养，从而形成独具特色的中国企业文化，为我国企业的复兴和国家的强盛奉献力量。

一、儒家思想与现代人力资源管理的关系

（一）"和为贵"与现代企业人力资源管理

孔子讲"礼之用，和为贵"，"和"即和气、合作、和睦、和谐。强调"和"就是强调对人际关系的调整。中国历来都是把"天时"、"地利"、"人和"当作事业成功的基本三要素，而在三要素中"人和"为上。在一个现代的企业中，只有做到"和"，讲团结、讲协作、讲互助才能使得上下级之间的关系顺畅，平级之间不互相掣肘，共同努力，创造利润，实现企业的核心价值观。

(二)"中庸"思想与人力资源管理的关系

中就是正,庸就是融合。中庸讲的是正确解决矛盾的方法。任何矛盾都有其两个对立面,但是,两个对立面之间又是通过相互联系而提炼出来的,并将其融合在一起,使得事情得到一个较为圆满的解决方式。在一个部门、一个单位乃至一个企业的管理当中,过于偏执是最简单、甚至是最愚蠢的做法,往往会导致事半功倍的后果,而如果能"执其两端而用其中。"找到事物之间联系的统一的方面并且将其融合,则有可能会收到事半功倍的效果。

(三)"德治"思想与人力资源管理的关系

《论语》中"为政以德,譬如北辰,居其所,而众星共之"揭示了在管理问题上,无论哪种模式,就其本质而言,都可以归入文化和制度的范畴,这是两条基本的管理路线。德治作为一种管理思想的提出,始于孔子。无论是什么团体,他的领导者必须具备较团体成员更为高尚的道德水准,只有如此才能赢得下属的爱戴,其政令的实施也才能更加畅通。从企业用人的角度来说,以德为先用人是古今中外之定理,也是企业发扬团队精神之前提。

二、中国传统文化思想对人力资源管理的影响

(一)传统文化对人力资源管理的积极影响

1. 人本思想

古人云:"凡为天下,治国家,必先务本而后务末。所谓本者,非耕耘种植之谓,务其人也。"在当今世界,随着全球化竞争的日益激烈,企业管理者也认识到人才的重要性。人是管理的出发点和归宿,一切管理活动必须以调动人的积极性和创造性为根本。在今天环境因素变得愈加不确定的情况下,通过人力资源管理来维持人力资源的优势,进而维持组织的竞争优势是组织持续成长的重要法宝。

2. 自强不息的精神

儒家文化的重要经典《周易大传》中有两句名言:"天行健,君子以自强不息","地势坤,君子以厚德载物"。提高生产力的要素有二,一是最新的科学技术,二是献身的工作精神。而献身精神就表现为一种为企业勇于献身的工作态度。这种自强不息的精神就要求企业的人力资源管理通过采取各项激励措施,充分调动职工的积极性,激发员工的工作热情,高效率地实现组织目标。

(二)传统文化对人力资源管理的消极影响

1. 平均主义思想

早在春秋时期,孔子就说过:"有国有家者,不患窘而患不安,不患贫而患不均。"

在传统的计划经济下，分配上的"大锅饭"、"干多干少一个样"无不是对均等安贫的平均主义的再次体现和强化。这种平均主义的思想严重影响了我国人力资源的改革，使得科学的薪酬管理体系很难在企业中实行。受这种传统文化的影响，就会造成企业人才的流失，更不可能为企业造就一支高效稳定的团队。

2. 人治高于法治思想

荀子的"有治人，无治法"历来被统治者所信奉。而在我们现代的管理体系中，提倡以"情"为纽带的"柔性管理"，强调思想观念的灌输，虽然有利于营造良好的工作氛围，但对于制度和程序的建立，缺乏科学深入的研究，使管理制度在实践中的可操作性不强，影响了效率的提高。过分重视人情，忽视制度建设和管理。

三、中国传统文化中蕴含的人力资源管理思想

（一）任人唯贤，不拘一格选人之道

古代的统治者们特别注重招贤纳士，而任人唯贤是贯穿古代选人思想的重要原则。首先是"唯才是举，吾得而用之"。曹操在《求贤令》中明确提出了这一理论观点，体现了他对人才的无比渴求和在选人方面的无畏胆略。在实践上，曹操大胆起用陈琳、贾诩等敌营降将，成了"唯才是举"的典范。其次是任人不避亲，不避仇。唐太宗曾说："古人内举不避亲，外举不避仇，而为举得其真贤故也。但能举用得才，虽是子弟及仇嫌，不得不举"。后来唐太宗起用仇敌魏征和亲信长孙无忌就很好地诠释了这一观点，被后世传为千古佳话。这样的例子在历史上比比皆是，充分说明了历代统治者对任人唯贤原则的推崇。

（二）知人善任，扬长避短用人之道

知人善任，首先要做到知人。诸葛亮在《将苑·知人性》中说"有温良而伪诈者，有外恭而内欺者，有外勇而内怯者，有尽力而不忠者。"可见知人并非易事。但《六韬龙韬贩选将》中列举的八种知人方法："一曰问之以言以观其详，二曰穷之以辞以观察其变，三曰与之间以观其诚，四曰明白显问以观其德，五曰使之以财以观其廉，六曰试之以色以观其贞，七曰告知以难以观其勇，八曰醉之以酒以观其态。"对我们现在的人力资源管理，有很强的借鉴意义。其次要做到善任。屈原在《卜居》中指出："尺有所短，寸有所长；物有所不足，智有所不明"，汉代东方朔也说过："水至清则无鱼，人至察则无徒"，都意指用人不能求全责备，应扬长避短，用人所长。宋代政治家欧阳修则指出："任人之道，要在不疑。宁可艰于择人，不可轻任而不信"，揭示了用人不疑与疑人不用的重要性。

（三）百年树人，高瞻远瞩育人之道

我国向有礼仪之邦的美誉，重视教育是中华民族的传统美德，仁人志士也就如何培育人才提出了自己独到的见解。苏绰的"良玉未剖与瓦石相类，名骥未驰与驽马相杂"指出

只有"剖而莹之，驰而试之"，才能发现良玉和千里马，揭示了人才培养的重要意义。古人早就认识到树人是一个长期艰苦的战略过程，王安石在《上皇帝万言书》中提到"教之、养之、取之、任之，有一非其道，则足以败乱天下之才"，将其分为教、养、取、任四个环节。

（四）赏罚分明，刚柔相济留人之道

古代学者就如何留住人才方面进行了深入的研究，认为赏罚分明、刚柔相济是留人的重要手段。首先是赏罚分明。奖赏和惩罚作为有效的管理手段很早就被古代学者所重视，而且赏罚应该以全面的绩效考核为基础。关于绩效考核，管仲认为："成器不课不用，不试不藏"，即对于人才不经过绩效考核就不加任用，不经过使用就不能作为人才储备。考核的结果将作为激励的依据，激励必须做到奖罚分明，做到"诚有功，则虽疏贱必赏；诚有过，则近爱必诛"（韩非子）。从这些真知灼见中我们已经可以捕捉到现代人力资源管理中有关正负激励理论的影子。其次是刚柔相济。孔子曰："道之以德，齐之以礼，有耻且格"，《孙子行军篇》曰："令之以文，齐之以武，是谓必取"。孔孙之言都揭示了一个道理：应主张道德感化和制度约束两手并用，刚柔并济。

四、传统文化影响下人力资源管理未来发展趋势

（一）招聘人才应向无资历有潜力的新手倾斜

招聘人才的天平应向无资历有潜力的新手倾斜，这是民营企业弥补外部挖掘人才弱势的现实选择。就民营中小企业而言，只要不是应急性人才，并有足够的时间培训，应招收没有资历但有发展后劲与潜力的新手，一切从头开始学习，包括新的知识技能、工作方式与工作态度、对企业文化的认同、对企业的归属感等等。另外，这些新手一般比较年轻，精力旺盛，学习效率高，而且也很谦虚，会真正脚踏实地地工作、学习，为企业的发展及个人的发展予以更多的关注和投入。

（二）应注重在人才内部培养

企业获取人才的途径有两种：外部挖掘和内部培养。外部挖掘的优点是能够保证企业及时获取所需要的人才，为企业带来活力；其缺点是成本相对较高，缺乏实力的企业往往望而却步，另外，它不利于调动企业内部人员的积极性，不利于内部人力资源的稳定性。内部培养的优点是对员工有着一定的激励作用，所培训和提拔的员工对企业比较熟悉，管理成本相对较低；其缺点在于培训周期往往很长、成才率不高以及容易出现近亲繁殖的不良后果等等。在我国，民营中小企业要获取人才，比较现实的选择应该定位在内部培养上。

(三)要重视人才情感管理

情感管理是文化管理的主要内容，是一项重要的亲和工程。情感管理注重员工的内心世界，其核心是激发职工的正向情感，消除职工的消极情绪，通过情感的双向交流和沟通来实现有效的管理，它从内心深处来激发每个员工的内在潜力、主动性和创造精神，使他们真正能做到心情舒畅、不遗余力地为企业开拓新的优良业绩。这种情感力量，是一种内在的自律性因素，它可以深入到人的内心世界，有效地规范和引导员工的行为，使员工乐于工作，产生"士为知己者死"的心理效应。

第三节 中国优秀传统文化对现代企业管理的融合发展

中国传统文化拥有五千年的悠久历史，对中国人民的价值观和行为规范有着潜移默化和源远流长的影响。同时，企业管理作为管理者和被管理者之间关系的博弈，必然受到人们价值观念和行为法则的影响，而这又是文化的一种体现。因此，本节在中华民族号召文化复兴的时代大背景下，基于将中国优秀传统文化在企业管理中的实际应用视角，切实分析中国传统文化的优秀管理思想，推动其与中国现代企业的管理相结合，以期为中国的现代企业管理实践做出一点微薄贡献。

改革开放四十年来，中国经济发展取得了十分显著的成绩，中国人民的生活水平有了跨越式的进步与腾飞。具体来看，人们的就业、生产生活所需要的产品都离不开企业的生产、加工和流通。但随着中国经济进入到新时代的发展阶段，对经济质量和效益的要求正在不断提高，我国企业的管理能力和水平面临着很大的考验，需要进一步的进步和转型。因此，本节结合我国政府号召全国人民乃至全球中华儿女文化自信、文化复兴的大背景，立足我国经济追求绿色发展的前进目标，切实挖掘中华民族优秀传统文化中蕴含的先进管理思想，深入结合我国企业和员工的实际工作经验，发挥传统文化的特色适应性管理效用，推动我国企业的高效管理，进而推动我国经济实现进一步发展，中华文化进一步复兴。

一、中国优秀传统文化与现代企业管理的内涵

（一）中国优秀传统文化的内涵

中华民族的发展历史源远流长，在悠久的历史进程中形成了博大精深的中华文化，主流思想为儒家思想、道家思想、佛家思想。此外，亦有法家思想、墨家思想、农家思想、名家思想、兵家思想、纵横家思想、阴阳家思想等七个民间的非主流思想，隐匿于中国历史的进程中，融合于三个主流思想之中，并按照时代发展的需要适时地现在显现在官方的政策之中。这十个中国传统文化流派的思想，或多或少都渗透在每一个中华儿女的办事准则和行为规范之中。大多中华儿女都是从小在家中耳濡目染，在学校浸润传统文化知识，生活之中点滴应用，工作之间的人际关系和工作态度、方法都将成为自身文化的一种体现。在中国传统文化中，最突出的莫过于长期居于统治思想的儒家思想，这是中国传统文化最重要的组成部分。可以说，儒家思想中蕴含的"仁"政管理、"义利观""诚信观"等优秀的管理思想，如果应用于我国企业的管理之中，将大有裨益。

（二）现代企业管理的内涵

中国改革开放之后，伴随着西方经济学思想和分析范式的大量引入，现代企业管理观念也得到了中国企业的广泛推广和学习。可以说，现代世界上主流的企业管理思想主要是源于西方的经济思想，从古至今，大体上经历了三个主要的发展阶段。首先，第一个发展阶段是企业的科学管理阶段，主要代表人和代表作品分别为费雷德里克·泰勒及其于1911年出版的《科学管理原理》。在此发展阶段中的管理思想主要表现为，重视企业管理中员工办事观念和态度中的规则意识，强调运作之中的科学化、规范化和安排的精细化。接下来的发展阶段被称为人际行为阶段，在这一阶段中，企业管理思想更加注重的是管理者和员工的人性理念和行为激励，着重强调对工作积极性的激励行为。最后，管理思想发展到今天就步入到了现代企业管理阶段，管理理念和管理方式更加细分和更为专业化，目前流传较多的是决策理论、质量管理理论、战略管理理论、企业文化理论等。

二、中国优秀传统文化与现代企业管理之间的关系探究

中国传统文化是中国社会几千年发展历程中政治、经济、军事、社会等各方面现实的集中反映和体现，是浸润在中国人民生活和社会历史进程中的一面镜子和一枚旗帜。而作为从西方经济管理思想中进入的现代企业管理思想与观念，最初展现更多是西方社会和人民头脑中的自由与平等的处世理念。可以说，中国传统文化与现代企业管理思想来源于两种不同的社会历史发展进程和人民生活状态，必然就存在各自独特的发展经历和社会特点。因此，中国传统文化与现代企业管理之间就既存在着对立的特性，同时又具有互补的特点。

一方面，从对立的角度看，就两种文化的产生背景角度，中国传统文化是中国几千年的传统奴隶和封建社会政治环境、小农背景下自然经济的生活理念以及等级分明、尊卑有序的社会规则下成长和发展起来的，更加注重对人民的精神层面的管理和把控。而从西方崇尚自由、民主、法治文化和社会理念下成长和发展起来的，应用于现代资本主义企业的雇佣劳动制下的现代企业管理思想，强调的更多的是科学管理理念，更为注重管理的实际效果和投入产出比例。从一定程度上讲，中国传统文化与现代企业管理思想是存在一定程度的冲突的。另一方面，从互补的角度来看，尽管源于西方的现代企业管理思想更为注重的是科学的管理体制，以及管理效用之间的投入产出关系，但我们知道，企业管理的对象是人，管理者也是人，而不是硬生生地机器，管理者和被管理者、生产者与消费者，在对待企业工作和市场经济的反映时，难免会有情绪化和人性的弱点存在。此时，将中国优秀的传统文化和西方现代的企业管理理念相结合，将能够更好地处理市场经济中出现的盲目性，以及现代企业发展和管理过程中出现的一些不合理的问题。这也说明了近些年，西方尊崇孔子、老子等中国古代优秀代表人物以及学习儒家文化、道家文化等中国优秀传统文化的原因。

三、中国优秀传统文化与现代企业管理融合发展的路径分析

（一）儒家思想与现代企业管理思想的融合发展

在中华民族几千年发展的历史长河中，儒家思想作为官方管理的指导思想在一定程度上展现了中国的发展的政治、经济和社会状况，而儒家思想作为官方思想经久不衰，必然是顺应时代潮流不断发展进步的。孔子作为儒家思想的代表人物，主要成就在于其系统梳理了中国发展史需要的主流传统文化和管理思想，其倡导的"仁政""礼制"以及"中庸"也就成了儒家正统的核心指导思想。在中国的封建历史上，在当时更加崇尚压迫、管制以及惩戒的社会文化下，儒家思想从人性角度出发，特别地谏言中国的封建管理者要施行仁政、德治的管理理念，在朝野和社会历史中落实中庸、以和为贵等柔和的管理思想。倡导社会的官员和人民更加重视人性的善和人际关系的和，并身体力行地通过教育和品行和调节和处理邻里之间、官员之间的不和谐关系，倡导形成以和为贵的社会风尚和道德文化。相比较与今天的现代企业管理思想，可以说，现代企业管理理念经过而二三百年的发展之后，已经不再像初始形成时过分强调严苛的等级管理和追求企业利润的直接产出绩效管理，而是逐渐地将员工——人作为企业管理的核心要素，现代企业的所有者和管理者也逐渐将如何合理有效地调动员工工作的积极性和创造性作为管理的关键要领。

笔者认为，将儒家思想合理有效地应用于中国现代的企业管理的发展之中，应基于以下发展路径。那就是，现代企业的管理者和所有者应该合理应用儒家"以人为本"的思想核心思想于现代企业管理之中。我们知道，无论是现代企业大力推广应用的绩效工资管理

模式,还是更加体现现代福利观念的校园招聘与社会招聘兼顾、施行差异化的培训管理或是符合最低工资制标准的薪酬管理体制等新兴的符合人性化特点的人力资源管理等,其从本质上来讲都是落实以人为本的工作理念,在合理展现人性理念的基准下最大化激发员工的工作积极性。而中国优秀传统文化的代表"儒家文化"的核心就在于"民为邦本,本固邦宁""富民养民""仁者爱人"等处世和施政理念,以及用于劝慰封建统治者的"民为水,君为舟;水能载舟,亦能覆舟"等警示名言。可以说,儒家思想展现的以人为核心的管理理念确是现代企业管理理念展现的"既要以人为本,又要提升员工工作的积极性"的管理工作的最高追求。我们知道,根据儒家文化的主要观念,一个现代企业要实现管理好企业也既管理好员工的目标,那就首先要学会确实尊重员工作为一名现代人的尊严和权利,要保障好员工应该得到的利益和尊重,这样才能真正且持久地实现员工把企业最大做强当作自己的工作追求和人生目标,重现展现工作的积极性和创造性。并且,在当今这个法治和民主的社会,这也是唯一能够在竞争日益激烈的市场中选到人才、招到人才、留住人才以及用好人才的必备管理观念,真正实现企业的蓬勃发展和长久繁荣。

第四节　以中国传统文化为基础的现代企业管理

随着中国经济不断地发展,很多企业的管理模式难以满足当今经济的发展趋势,发展过程中面临很多挑战。在企业管理中,要想管理发挥真正的作用,就需要将管理与传统文化相结合,不仅有利于企业构建中国特色的管理模式,同时也能促进企业的全面发展。

我国在漫长的历史进程中,儒家和道家文化思想一直是中国传统文化的主流,有着深刻影响。近代的国家饱受战乱,经济发展跌入深渊。如今奋起直追,经济快速发展,企业也不断地发展壮大。然而面对的问题也越来越多,此时企业文化越来越受到企业管理者的重视。当今世界文化处于多元化,传统的儒家和道家思想和理论思维模式已被打破,那么在中国的市场经济中,作为儒家和道家思想中的经典是否还适应现代社会发展的需要?是否还有其生存价值?现代企业管理者需不需要儒家和道家精神,是否可以借鉴?本节对此展开了探讨。

一、儒家和道家管理文化

（一）儒家管理文化

在古代儒家中，儒家主张的是"天生万物，为人可贵"以及"民为贵，社稷次之，君为轻"。从中可以看出，儒家文化所提倡的是一种以人为本的伦理文化。在世界万物中，人处最重要的位置，并且人与自然也是相互并列的。在现代化管理以及企业管理中，儒家思想将人作为管理的主体，人是管理中最活跃的对象。强调管理的核心应该是人，其本质是"治人"。

（二）道家管理文化

道家思想的主要内涵是"道法自然"和"天人合一"，是一种自然哲学，强调办事要遵循自然规律。老子在他的思想体系中强调这一点可以在多处哲学性思辨论述中得以展现。比如，"上善如水，水利万物而不争，处众人之所恶，故几于道"。这种思辨性的哲学观念在当前的企业管理模式中体现在对团队成员的人文关怀和激发员工的主观能动性上。使员工的潜能得到充分发挥，从而推动企业的长远健康发展。现阶段，我国许多现代企业都意识到了人本管理思想的重要意义，并将其应用于企业管理过程中，使企业管理的民主化、科学化水平得到进一步提升。

二、人本管理思想

所谓人本管理，指的就是将人放在管理的中心地位，根据工作人员的兴趣特征、心理素质、能力水平等来为其提供最为适当的工作，使员工能在实际工作中充分发挥价值和作用。与其他管理思想相比，人本管理思想能更好地调动员工工作的主动性与积极性。

三、天人合一的管理意义

在中国哲学中，"天人合一"思想是一个根本观点，是道家庄子所提出来的。不仅是一种哲学思想，同时也是修行的一种方法和状态。"天人合一"强调人必须要注重自身的道德修养，以及必须要关注和认识到自己。并且在做任何事时都要以天地万物为主，使人道能够合乎天道，从而能够正确顺应天道。其主要表现是将人与自然协调统一，是世间万物中的主体以及客体之间能够相融合和相通。在哲学中所谓"天行健，君子当自强不息"，也是强调了人要不断地通过自我修养，从而能达到人与自然共同进步和统一。在企业发展和管理中，管理者要顺应天道，并且过渡到人，最后经过执行，能够达到天人合一。其对企业发展和管理来说，管理者又以企业文化来培养员工。用企业文化和传统文化潜移默化地影响员工，使员工的目标、行为以及投入与企业的发展方向一致。从而有效培育员工和企业的共同价值观,最终能实现个人与组织协调发展,同时又促进了个人的进步和企业的繁荣。

四、对企业的意义及影响

(一)人本管理对企业的意义

实践证明,引入人本管理思想对于现代工商企业来说具有十分重要的意义。总结归纳起来,主要有以下三点:一是可以为现代工商企业谋求较为稳定的长期发展。人本管理思想对于企业的影响是一个渐进式的过程,对于人的重视可以使得企业更加合理地配置资源,调动人的积极性,更好地培训并储备人才,经过一个较长的时间积累,企业会打下扎实的基础,获得全方位的收益。二是能够较好地在企业内部实现技术更新升级,由于以人为本管理思想的引入,员工获得了主人公意识和尊重,由此激发出的工作热情和工作主动权会释放员工的想象力与创造力,因此企业与同行业伙伴相比,更能够在技术更新迭代上做出成绩。三是引入人本管理思想更能够促进企业形成一套体系化、人性化、实用化和可复制、可拓展的管理模式。

(二)"以人为本"对企业的影响

中国的孔孟理论讲究"以人为本"的思想,这种思想影响着中国人对管理的态度和理念。在现代企业管理中,很多企业也秉承着这样的观念对员工进行管理。在企业的人力资源管理中,很多企业的企业文化就是由每一个企业员工组成的,企业的发展和成功离不开每一个员工。对企业的管理也可以理解为对每一个员工的管理,企业通过对员工的管理实现个人的价值,让员工这种通过个人价值的实现去实现企业的目标。有的企业把这种"以人为本"的管理思想形成规章制度,通过实现个人利益和企业利益的有机融合进而实现企业的长远发展。

在企业管理过程中,企业的模式离不开社会历史条件以及文化背景的影响,传统文化对企业管理和发展有着重要的意义。很多思想对于企业管理有着深刻的影响,研究和继承其中的优秀管理理念与方式,不仅有利于管理好企业,同时又对现代化发展有很强的指导意义。

第五节　中国传统文化对现代企业人力资源管理的影响

近年来,在世界各地掀起了中国热,中国文化书院、孔子研究院等机构在世界各地相继建立,国学热兴起,国家社会开始重视起中国优秀的传统文化,一些具有改革精神的企业家,开始将传统文化融入现代企业管理中,并取得了良好的效果。

一、中国传统文化的主流思想

中国传统文化的思想内涵。儒家文化尊崇"孝悌、忠恕、仁义",这种文化内核已经成为中国老百姓道德的标准。除此之外,还有诸如"为政以德"、"以人为本"、"止于至善"、"修身齐家"、"义利合一"等思想。现代化企业经常提到的"人性化管理"其实就是儒家思想的"以人为本"理念,两者之间的内涵和本质是一样的。儒家这些优秀的思想,对现代企业的经营管理具有积极的指导意义。

二、中国传统文化的主流思想对现代企业人力资源管理的积极影响

(一) 儒家优秀传统文化思想的积极影响

"天时不如地利,地利不如人和"的思想。孟子曾提出"天时不如地利,地利不如人和",将这种思想运用到现代企业的管理上,就是现代企业经常提到的"双赢"。通过实现与员工、客户的"双赢",与同行之间的"共赢"来达到利润的满足。孔子提倡"为政以德,譬如北辰,居其所而从星拱之",意思是以道德原则治理国家,就像北极星一样处在一定的位置,所有的星辰都会围绕着它。将这种思想运用到现代企业的经营上来,就是"诚信经营"。诚信经营,即是信守承诺。信守对客户的承诺就可以拥有稳定的销量,信守与供应商的承诺,就可以拥有稳定的货源,信守对员工的承诺,就可以为企业留住优秀的人才。

"为政以德,修身正己"的思想。孔子在《论语》中提出:"为政以德,譬如北辰,居其所而众星拱之"。孔子认为作为国家的管理者,自身应该有道德修养,重视道德建设,将加强道德修养与治理国家联系起来。并且让众人以德为中心,审视自己的思想和行为,这样国家的管理才会水到渠成。

（二）道家优秀思想的积极影响

"上善若水"的思想。"上善若水。水善利万物而不争；处众人之所恶，故几于道。居善地，心善渊，与善仁，言善信，正善治，事善能，动善时。夫唯不争，故无尤。"老子认为上善的人，就应该像水一样。水造福万物，滋养万物，却不与万物争高下，这才是最为谦虚的美德。江海之所以能够成为一切河流的归宿，是因为他善于处在下游的位置上，所以成为百谷王。

在现代企业管理中，员工与员工之间的竞争不可避免，竞争本身是好事，但是如果员工没有正确看待这种竞争，就会变成恶性竞争，恶性竞争对企业的发展，日常管理是非常有害的。

"富贵而骄，自遗其咎"的思想。《道德经》讲："持而盈之，不如其已；揣而锐之，不可长保。金玉满堂，莫之能守；富贵而骄，自遗其咎。功成名遂身退，天之道。"。其意思是无论做什么事，不能过度，应该要做到适可而止。做人做事要留有余地，不要把事情做得太过，不要被胜利和利欲冲昏头脑。

放到企业管理里，可以理解为当企业盈利的时候，不能过分追求利益，将获得的利润都归于己有，要将利润用于改善员工的物质条件，学会"取之于民，用之于民"，这样才会建立一个可以持续、稳定、健康发展的企业。

三、现代企业人力资源管理借鉴于中国传统文化的基本思路

目前，在现代企业之中，传统文化在人力资源管理过程中至关重要，有深远的深远的影响和意义。

（一）改革薪酬体系

在企业中，适当调整和改革企业员工的薪酬体系，例如一些领导所享受到的特权问题，其中包括住房、用车、通讯等一些职务的消费，将这些与薪酬体系相互结合，明确薪酬制度的管理措施，让整个企业的薪酬制度呈现出透明化的一面，遵循按劳分配的原则进行工资的分配和统筹，原有体制内职工的收入可以以股份分红形式进行调节。

（二）公开招聘流程

企业是一个整体，人员的流动问题也是正常运营的需要，岗位的设置方面也有一定的标准，合理的安排好每个员工的岗位，详细说明和解释对每个岗位的要求，在企业招聘过程中，秉承公开化的原则，根据岗位的需要进行人员的招聘工作，以岗选人，为合理的设置绩效考核标准奠定基础。

（三）疏通各岗位的上升通道

每个岗位的都有各自的优势和价值，在企业中要重视技术、经营、行政管理这三方面，并且在每个岗位上设置一定上升渠道，提高员工的上升空间，疏通好每个岗位的上升通道，有些原有的岗位提升待遇主要以行政管理主，我们要改变这一现象，有些企业的发展已经相对成熟，在这些企业之中，有相对稳定的职工人员，在这种状态下，有些职工的能力已经超越了岗位的要求，但是又没有后续的上升通道，根据这种情况，可以将相似或者是雷同的岗位进行合并处理，让员工在提升的同时也能够增加薪酬。

（四）强化制度管理

制度是管理企业最根本的依据，一些企业在管理过程中存在很大的漏洞和不足，所以我们要强化制度管理，最大限度地将各项制度做到简约化，根据每个岗位的基本情况，进行制度的制定，不制定没有根本需要的制度，对于制定好的制度一定要认真实行，并在企业的运营过程中不断地对制度进行完善和改进，强化企业的制度管理。

（五）加强内部竞争

在企业之中内部之间的竞争也非常激烈，这个过程就像选举，每年都需要对岗位进行调整，并且按照一定的比例在公司内部展开竞聘，让员工找到自己更适合的岗位，充分调动员工的积极性，提高员工的创新能力，让企业也在不断地完善和更新，在这个过程中需要注意的是，对每个岗位竞聘者的人数一定要控制好，如果某个岗位受到众多员工的青睐，竞聘人数过多，就要适当考虑降低这个岗位的待遇，反之，如果岗位应聘者寥寥无几，提高岗位待遇也是一种很好的方法。

参考文献

[1] 谢蔚蔚. 中国传统文化对企业人力资源管理的影响. 中国商论.2015年（7）

[2] 孙诗颖. 中国传统文化对家族企业人力资源管理的负面影响. 人力资源管理.2016年（9）

[3] 胡阳. 中国传统文化主流思想对企业人力资源管理的影响. 合作经济与科技.2016年（11）

[4] 姚莉. 中国传统文化管理思想在企业管理中的应用初探[J]. 商场现代化, 2016（19）: 94-95.

[5] 吕艺高. 中国传统文化管理思想在企业管理中的应用[J]. 郑州航空工业管理学院学报，2016，34（3）：118-121.

[6] 陈宏刚. 中国传统危机管理思想在企业中的应用[J]. 赤峰学院学报（自然科学版），2016，32（22）：78-79.

[7] 李晓蓉. 中国传统文化在现代企业管理中的应用[J]. 人力资源开发，2019（02）：63-64.

[8] 陈柯璇. 试论传统文化对现代企业管理的影响[J]. 商场现代化，2019（03）：98-99.

[9] 张丹. 人本管理思想在现代工商企业管理中的应用研究[J]. 商场现代化，2019（04）：84-85.

[10] 马腾. 人本管理思想在现代工商企业管理中的应用研究[J]. 中国管理信息化，2017（12）：158-159.

[11] 秦玺平. 优秀传统文化在现代企业管理中的应用[D]. 硕士论文，2013.

[12] 邱州鹏. 中国传统文化及其对中国现代企业管理的启示[J]. 湖北经济学院学报，2011.

[13] 李艳. 论中国传统文化在现代企业管理的作用[J]. 经营管理，2007.

[14] 李瑞强，中国传统文化与项目管理的融合研究，[硕士学位论文]，南京理工大学，2006.

[15] 黄静，中国传统文化对人力资源管理的影响，经济论坛，2006.

[16] 陶铁胜，中国传统文化和人力资源管理，上海三联书店，2000.

[17] 姜建敏、孟相浩、张义娟，传统文化对人力资源管理的影响，《中外企业家》2009年第2期.

[18] 司马哲，《中国识人学全书》，中国长安出版社，2006年

[19] 彭劲松，中国古代用人思想及其借鉴，科技情报开发与经济，2004年

[20] 段佳，董娟，戴银.儒家思想在现代企业人力资源管理的应用[J].现代商业.2014（17）

[21] 程璐.儒家思想与现代企业人力资源管理的关系[J].湖南医科大学学报（社会科学版）.2010（01）

[22] 赵喜霞，林巧.儒家人本哲学思想与人力资源管理的契合点[J].经济研究导刊.2010（15）

[23] 滕玉成，李文明.先秦儒家思想与现代人力资源管理构建[J].孔子研究.2005（01）